Die Normannen – Eroberer aus dem Norden

Für M. M.

Aus dem Italienischen von
Imke Wartenberg

Lektorat der dt. Ausgabe
Julia Lauber

Satz
Parthas Verlag Berlin

Druck und Bindung
Giunti Industrie Grafiche S.p.A. – Prato

Umschlaggestaltung
Raffaele Anello

Karten
Daniele Forconi

Bildrecherche
Cristina Reggioli

Die Abbildungen stammen, wenn nicht anders vermerkt,
aus dem Archivio Iconografico Giunti.

Die Originalausgabe erschien unter dem Titel »Normanni.
I predoni venuti dal Nord«
© 2003 Giunti Editore S.p.A., Firenze-Milano

Jede Form der Wiedergabe oder Veröffentlichung erfordert
die schriftliche Zustimmung des Verlags.

Für die deutsche Ausgabe
© 2007 Parthas Verlag
Stresemannstraße 30
10963 Berlin
www.parthasverlag.de

ISBN 978-3-86601-494-7

NICOLA DI MAURO

Die Normannen
Eroberer aus dem Norden

Inhalt

Einleitung	6
Ein fortschrittliches Volk: Die Wikinger	8
Am Anfang der Völkerwanderungsbewegung	9
Zwischen Piraterie und Handel	11

- Ursprung des Wortes »Wikinger« 11
- Aspekte des Alltagslebens 12
- Die Wikingerschiffe 14

Die Invasion ins Frankenreich	16
Eine lange Zeit von Streifzügen und Grausamkeiten	21
Ein blutiges Feuermeer von Rouen bis Hamburg	23
Das große Heer	31
Der Einmarsch ins islamische Spanien	35
Krieg auf der Seine	38
Das Herzogtum der Normandie	41

- Die Wikinger nach europäischer Definition 19
- Die fränkischen Quellen 21
- Die fränkischen Mönche und der normannische Terror 24
- Räuber oder Verkäufer des göttlichen Zorns? 27
- Der Niedergang des Karolingischen Reichs 28
- Die Autorität der Normannenführer 31 • Der militärische Fortschritt 33
- Die List der Normannen 37 • Der Feudalstaat der Normandie 42

Das anglonormannische England	44
Der Widerstand eines sächsischen Königs	47
Das norwegische Herrschaftsgebiet	49
Das Reich des Nordens	51
Die Normannen am Hofe	53
Die normannische Herrschaft jenseits des Ärmelkanals	57
Der letzte normannische König von England	68

- Die sprachliche Kolonialisierung Englands 49
- Wilhelm aus der Normandie 54 • Die Schlacht bei Hastings 56
- Der Teppich von Bayeux 59 • Die Waffen der Eroberung 60
- Der angelsächsische Widerstand 63
- Das *Domesday Book* und das *manor* 66
- Normannische Kunst 71

Die Waräger bei der Eroberung des Ostens 72

Die »Rurik-Expedition« 74

Das von den Warägern anvisierte Byzanz 77

Der Weg nach Bagdad 84

Harold der Unbarmherzige 87

Im Land der *Rus* 88

- Waräger und *Rus* 75 • Die Waräger gemäß den Arabern 78
- Die warägischen Kaufleute 81 • Die warägische Wache 89
- Vorfahren des russischen Volks 91 • Das Begräbniszeremoniell 92

Die Normannen in Süditalien 94

Vorspiele eines normannischen Königreichs in Italien 98

Die Kirche gegen die Normannen 101

Die Besetzung des arabischen Siziliens 105

Mittelitalien: ein normannisches Reich 110

Terror und Verschwörungen im Palast 113

Die Politik Friedrichs II. im Süden 116

- Robert Guiskard 100 • Die kluniazensische Reform 103
- Kunst und Architektur 111 • Die sizilianische Dichterschule 119
- Das Studium der Medizin in Salerno 121

Zeittafel 122

Literaturempfehlungen 124

Einleitung

Die Franken bezeichneten sie als »Nordmänner«. Gemeint waren die Wikinger, sehr furchterregende Krieger und äußerst fähige Seefahrer, die aus den entfernten Regionen Skandinaviens stammen. Von Norwegen und Dänemark aus stachen sie in See und wagten sich in andere Gebiete vor – Eroberungsziele, wo sie sich zu Wasser und zu Land herumtrieben, immer auf der Suche nach Kriegs- und Diebesbeute. Die kleinen Gruppen bewaffneter Männer waren körperlich gut ausgestattet, extrem aggressiv und noch nicht christianisiert. Sie hatten eine eigene kulturelle Identität und verfügten über bemerkenswerte technische Fähigkeiten. Die unerschöpfliche Energie, die sie seit dem 8. Jh. versprühten, war in den Augen der Chronisten etwas Phänomenales. Sie äußerte sich in einem äußerst zähen Willen nach Expansion und Herrschaft. Seit der zweiten Hälfte des 9. Jh.s und das gesamte 10. Jh. drangen die skandinavischen Piraten entlang der Nordseeküste immer weiter ins Frankenreich ein. Schließlich verlockte sie die Perspektive, aus einem dieser Gebiete eine neue Heimat zu machen. In Folge von Übereinkünften feudaler Natur haben sich die Normannen dann tatsächlich kontinuierlich für über ein Jahrhundert in jener Küstenregion des Frankenreichs niedergelassen, welche sich zum Ärmelkanal hin erstreckt und nach ihnen benannt ist: in der Normandie. Aus dieser kleinen Grafschaft, dem »Land der Normannen«, gingen neue Kräfte und Pläne hervor, welche zahlreiche Neuerungen mit sich brachten, die mit der Vergangenheit brachen. Seit Ende des 11. Jh.s wurde die Ordnung ganz Europas erneuert. Das Bestehen zweier Pole institutionali-

sierter Macht in dieser Epoche – bekannt als die zwei klassischen Formen des Kaiserreichs und des Papsttums – war zwangsläufig zum Scheitern verurteilt. Bald sollte das karolingische und postkarolingische Europa das gewalttätige Temperament, das diplomatische Geschick und die Gier nach Land und Reichtum dieser neuen Protagonisten des mittelalterlichen europäischen Abendlandes kennenlernen.

Die unzähligen Befestigungsanlagen, die von den schwachen fränkischen Königen errichtet werden, reichen ebenso wenig aus wie die neuen Gebetsformeln, welche die Bischöfe entwickeln, um die Bevölkerung vor dem Wüten der Normannen zu behüten. Dörfer und Klöster werden systematisch geplündert. Die Bevölkerung leidet unter den Belastungen durch Tribute und Lösegelder. Frauen werden vergewaltigt, Männer und Kinder hingemetzelt, sofern sie nicht als Sklaven verkauft werden. Vergeblich versuchen die fränkischen Heere, die Normannen aufzuhalten. Schließlich kommt man zu Übereinkünften. Das Jahr 911 wird in Erinnerung bleiben: Die christliche Taufe des wohl dänischen Königs Rollo, die dann folgende Gründung des Herzogtums der Normandie sowie die Assimilierung der fränkischen Kultur und Sprache tragen zur Verfeinerung der normannischen Bräuche bei. Die Eroberungslust ihrer Vorfahren geben die Normannen jedoch nicht auf. England, Süditalien und Antiochia warten darauf, dass die normannischen Waffen ihnen Gesetze geben und in die Geschichte eingehen. Wilhelm der Eroberer, Robert Guiskard, Roger II. und noch viele andere hinterlassen tiefe Spuren im Gedächtnis der Völker. Unter ihnen allen ist es jedoch Friedrich II., der die Vorherrschaft der Normannen über den Kontinent auf den Höhepunkt führt und sie zur Vollendung bringt.   N.D.M.

Ein fortschrittliches Volk: Die Wikinger

- Am Anfang der Völkerwanderungsbewegung

- Zwischen Piraterie und Handel

Das gesamte 9. Jh. und noch darüber hinaus scheint das christliche Europa den Verwüstungen und Plünderungen von drei eindringenden Völkern zu erliegen: denen der Ungarn, der Sarazenen und der Wikinger. Die Völkerwanderungswellen von Osten, Süden und Norden haben alle dasselbe Ziel: Kriegsbeute. Durch die Invasionen werden einige Gebiete besetzt und dienen der Niederlassung. Dort wird eine militärische und politische Herrschaft ausgeübt, welche für Europa spürbare Folgen hat. Pannonien ist das Gebiet, in dem sich die Ungarn niederlassen. Die Mittelmeerregionen sind muslimisches Reich. Der Rest Europas ist den Invasionen der Wikinger unterworfen.

Ein fortschrittliches Volk: Die Wikinger

*Seite 6, damaskisches Schwert aus dem 8. Jh. aus dem schwedischen Gebiet Scania.
Links, Teil eines Steins mit figürlichen Darstellungen aus Gotland, rechts ist der Gott Odin auf Sleipnir zu sehen, seinem tüchtigen achtbeinigen Pferd (Stockholm, Antikvarisk-Topografiska Arkivet).
Unten, mythologische Szene, die in einen Runenstein eingekerbt ist, welche den Gott Thor darstellt, der mit einem Messer bewaffnet gegen einen Drachen kämpft. Religion, Gesellschaft und das nordische Gedankengut stehen uns dank der Snorra Edda, des Handbuchs von Dichtung und Mythologie des isländischen Dichters Snorri Sturluson (1178–1241), zur Verfügung.*

Aus dem kalten Skandinavien kommend erreichen die Wikinger – unerschrockene und aggressive Abenteurer – Island, Grönland und Nordamerika. Archäologische Funde bezeugen ihre Präsenz in diesen Regionen. Diese materielle Form der Dokumentation erlaubt ferner Aussagen über die kulturellen Kennzeichen der Nordmänner, über ihre Sitten und Bräuche, über ihren Glauben und über ihre Lebensgewohnheiten. Es handelt sich also nicht um »Barbaren«, sondern um eine fortschrittliche Kultur, die ihre eigene historische Identität in einer wohldefinierten Weise auszudrücken vermag und die in der Lage ist, der Konfrontation sowohl mit der griechisch-römischen als auch mit der keltisch-germanischen Kultur standzuhalten.

Am Anfang der Völkerwanderungsbewegung

In den skandinavischen Regionen, insbesondere in Dänemark und Norwegen, wird die Polygamie praktiziert. Die Möglichkeit, eine große Zahl von Kindern zu zeugen, steigert das Prestige der Männer. Indem sie sich mit

Die Eroberung der Welt durch die Wikinger

Unten, Runenstein aus Karlevi auf der Insel Öland (Schweden). Die Runenschrift gehört zu den germanischen Schriftarten, die in den skandinavischen Ländern während und nach der Wikingerherrschaft sehr verbreitet war (5.–7. Jh.). Die ältesten Dokumente von Runen kommen aus Südskandinavien, aber die Runenschrift war bis ins nördliche Kontinentaleuropa verbreitet.

mehreren Frauen paaren – seien es Ehefrauen, Konkubinen, Geliebte oder Sklavinnen – demonstrieren sie ihren Reichtum und ihren materiellen Wohlstand. Konsequenz dieser Sitte ist die Überbevölkerung, eine Tatsache, die einigen Historikern zufolge seit Ende des 8. Jh.s die Grenzüberschreitung der normannischen Horden insbesondere in Europa, aber auch darüber hinaus verursacht hat. Ein wesentliches Merkmal, das möglicherweise das Phänomen der Überbevölkerung bestätigen kann, ist der Brauch, die Neugeborenen, welche die Familie nicht zu ernähren in der Lage ist, »auszusetzen«, aber auch, sie zu töten oder zu opfern.

Darüber hinaus bedingt ein weiterer Aspekt der nordländischen Kultur den unvorhersehbaren und ununterbrochenen Rhythmus der normannischen Streifzüge über den Kontinent: das Erstgeborenenrecht. Den erstgeborenen Söhnen ist jedes Privileg vorbehalten, wäh-

10

Ein fortschrittliches Volk: Die Wikinger

```
F  U TH A R  K  H  N I A S  T  B  M L  R
```

rend den jüngeren Brüdern nichts anderes übrig bleibt, als nach Ruhm zu streben und Güter anzusammeln, in See zu stechen und in unbekannten Ländern an Land zu gehen, wo sie ihr Glück mit Raubzügen und Plünderungen versuchen und sich eventuell niederlassen können.

Zwischen Piraterie und Handel

Grund für die Invasionen sind zudem politische Motive: Einige Wikinger akzeptieren die Autorität ihrer Anführer

Oben, das Grund-Runenalphabet, genannt futhark, nach den ersten sechs Buchstaben; das Runenalphabet bestand ursprünglich aus 24 Buchstaben, mit den Wikingern wurde es im 9. Jh. auf 16 Buchstaben reduziert.
Unten, Statuette aus dem 11. Jh., wohl eine Darstellung des Odins, gefunden bei Lindby in Schweden.

Die Semantik des Wortes

Der Ursprung des Wortes »Wikinger«

Von dem deutschen Mönch Adam von Bremen, der Anfang des 11. Jh.s lebte, wissen wir, dass das Wort »Wikinger« gewöhnlich von den Dänen gebraucht wird und einen Seepiraten bezeichnet. Die Bedeutung scheint norwegischen Ursprungs zu sein. Die Wurzel vik *bedeutet »Bucht«, »Einbuchtung« oder »Fjord«. Der Wikinger wird also gesehen als »Mann, der versucht, sich im Schutz von Passagierschiffen zu verbergen, gut versteckt in der Bucht«. Dieselbe Wurzel kann jedoch auch auf das englische* wic *zurückgehen, dessen Bedeutung auf das Wort »Feldlager« reduziert ist. Folgen wir der semantischen Natur des Wortes »Wikinger«, so verweist die Wurzel* vic *auch auf das lateinische* vicus *und würde damit die »Menschen, die in der Stadt leben« bezeichnen, als Händler, Seefahrer und Räuber. Diese beiden letzten Schlussfolgerungen haben unter den Historikern wenig Zustimmung gefunden, wohingegen der norwegische Ursprung als am naheliegendsten angesehen wird. Zuweilen wird auch eine andere Bedeutung vorgeschlagen, basierend auf der femininen Form* viking *(»Expedition per Schiff Richtung ferner Ufer«), etwa »Mann oder Krieger, der in See sticht, um vom Vaterland weit weg zu ziehen«.*

| Unterschiedliche Aufgaben für Mann und Frau |

Aspekte des Alltagslebens

Den Wikingern bedeuteten die familiären Werte sehr viel, sie wurden von ihnen stark respektiert. So genoss die Frau eine gewisse Freiheit und durfte sich tatsächlich scheiden lassen. Während sie sich mit den gewöhnlichen häuslichen Aufgaben beschäftigte, widmete sich der Ehemann der Jagd, dem Fischfang und den Raubzügen – Letzteres galt als normal, um überleben zu können. Die männlichen Familienmitglieder konnten schon mit zwölf Jahren militärische Expeditionen unternehmen. Wenn sie einmal von ungebremstem Zorn erfasst wurden, konnten sie zu schrecklichen und unbezähmbaren Kriegern werden, die fähig waren, allein gegen unzählige Feinde zu kämpfen. Wegen dieser besonderen kriegerischen Gabe wurden sie Berserker (»Bestien-Krieger«) genannt, und nicht selten wird auch heute noch im Deutschen die Redewendung zum Berserker werden im Sinne von zur verrückten Furie werden verwendet, welcher im Englischen die Wendung to go berserk entspricht. Wie Adam von Bremen berichtet, kennen die Wikinger »was die Frauen betrifft keine Mäßigung«.

Sie können zwei oder drei gleichzeitig heiraten, aber »wenn sie eine Jungfrau vergewaltigen oder sich mit der Frau eines anderen hinlegen, werden sie schwerstens bestraft«. Sie zeichnen sich aus »durch Höflichkeit und bieten stets Essen und Asyl an«. Sie sind körperlich sehr stattlich gebaut und »kämpfen zu Pferde und zu Wasser gleichermaßen gut«. Es befiehlt der König, »aber seine Autorität ist vom Willen des Volkes abhängig«. »Sie tragen Felle als Kleidung und ernähren sich von Milch.«

Die Historiker vermuten, dass diese vagen Notizen etwa in der Weise gesichert sind, wie das, was Tacitus (55–120 n. Chr.) über die Germanen berichtet, da starke Analogien mit dem römischen Geschichtsschreiber bestehen. Zum Verhalten und zur Denkweise der Wikinger kann ferner das Gedicht Hávamál (»Die Sätze des Sublimen [Odin]«) zu Rate gezogen werden, eine Art Brevier zum praktischen Verhalten. Dieses Zeugnis beinhaltet Lebensweisheiten, Sprichwörter, Ratschläge und Aphorismen voller Ironie oder Weisheit, die ein lebendiges Licht auf die Alltagsexistenz der Wikinger und auf ihr Verhältnis zur Realität werfen. Einige Beispiele: »Wer eine Tür öffnet, gebe acht, dass sich dahinter keine feindselige Hand verberge«; »Ein Mann muss zurückhaltend, stolz, mutig, heiter und voll des Einsatzes sein, und zwar bis an sein Lebensende«; »Wer kommt, um einen Besuch abzustatten, wisse immer den Moment

Ein fortschrittliches Volk: Die Wikinger

Links, Rekonstruktion einer Wikingerküche. Unten, Nachbau eines Wikingerdorfes. Gegenüberliegende Seite, Utensilien des täglichen Lebens.

zu ergreifen, in dem es gut ist, die Störung wieder aufzuheben. Auch ein Freund wird wenig sympathisch, der sich lange Zeit im Hause anderer aufhält«; »Wer vorhat, einen Raubzug zu unternehmen, muss sich für einige Zeit auf den Weg begeben. Denn der Wolf, der sich nahe der Höhle aufhält, wird nie Fleisch haben, und so auch nicht der Mensch, der von seinem Sieg nur träumt«; »Vertraue dich nicht den Frauen an, seien sie ledig oder verheiratet, denn ihr Herz ist wie eine bewegliche Drehbank geformt, und sie sind von Natur aus unstandhaft«.

Auch die Freizeit war von eigener Bedeutung. Nach den archäologischen Funden, die uns zur Verfügung stehen, war die bevorzugte Freizeitbeschäftigung der Wikinger das Schachspiel, aber auch das Damespiel und das Trick-Track gehörten zu den gebräuchlichen Tischspielen.

Die Männer trugen für gewöhnlich eine langärmlige Wolljacke, die bis zur Mitte der Oberschenkel reichte. Oft sorgte ein Gürtel für perfektes Anliegen an der Taille. Sie trugen einen spitzen Hut aus Leder oder Stoff. Die Hosen waren lang und eng, oftmals hingen sie auch weit herab.

Mit dem Stoff der Hose wollte man den Reichtum zur Schau stellen.

Bei den Frauen war es Mode, eine feine Bluse und darüber eine ärmellose Weste zu tragen, von der zwei Bänder abgingen, die von zwei ovalen Metallbeschlägen auf der Brust befestigt wurden. Das Gewand zeigte die bloßen Arme, eine Sinnesverlockung und wohl das Unterscheidungsmerkmal unter den Wikingerfrauen. Ansonsten verwendeten diese nämlich blaue Schminke, die auf die Augenlider und um die Augen herum aufgetragen wurde, um sie schöner aussehen zu lassen. Die Haare wurden im Nacken mit einem Knoten oder einer Spange zusammengehalten. Um den Hals trugen sie eine Art Etui, an dem persönliche Objekte und ein Messer hingen. Sie trugen Ringe, Halsketten, Armreife und Broschen.

13

nicht und sind diesen daher verhasst. Verbannt und gezwungen, dies außerhalb der Grenzen wiedergutzumachen, haben sie Zeit und Gelegenheit, neue Kräfte zu schöpfen und Allianzen zu schmieden, um dann ins Vaterland zurückzukehren und dem eigenen Streben nach Herrschaft nachzugehen. Die Expeditionen der Wikinger

Drakkar und Knarr

Die Wikingerschiffe

Die Überlegenheit der Wikinger in der Schifffahrtstechnik ist unangefochten: Sie zeigten eine unverwechselbare Fertigkeit im Schiffsbau und konnten Erfahrung auf dem Meer, auf Flüssen und Seen vorweisen. Ein Beweis für die sprichwörtliche Gewandtheit der Wikinger auf dem Meer ist die Tatsache, dass die Seefahrersprache der Franken und Sachsen zahlreiche Ausdrücke assimiliert hat, die skandinavischen Ursprungs sind. Um eine Route zu entwerfen oder die Position eines Schiffs mitten auf dem Meer zu ermitteln, verwendeten die skandinavischen Seefahrer den sogenannten Sonnenstein, einen komplizierten Mechanismus aus Kristall, der die Brechung des Lichtes lenkt, um die Position eines Sterns zu lokalisieren und sich so orientieren zu können. Als Bordinstrument diente ferner ein einfaches Astrolabium aus einer Scheibe und einem vertikalen Stab, das auf der Grundlage der Schattenlänge den Sonnenstand berechnet, der anhand von Deklinationstabellen für jeden Tag und jede Jahreszeit ablesbar ist.

Das charakteristische Wikingerboot, das für die Piratenangriffe und Kriegszüge eingesetzt wur-de, nennt sich drakkar, *»Schiff mit dem Kopf eines Drachen«. Auf dem Bug des Schiffes pflegten die Wikinger für gewöhnlich den Kopf eines Meeresungeheuers oder eines Drachen anzubringen, um die Geister des feindlichen Meeres fernzuhalten. Wenn sie eine Küste erreichten, war es der auf antiken Aberglauben zurückzuführende Brauch, den Drachenkopf wieder abzunehmen, um die Kräfte, die auf dem neuen Land, das sie erkunden oder ausplündern wollten, hausten, nicht zu verärgern.*

Relikte von Wikingerschiffen wie jenem 1880 in Gokstad oder jenem 1904 in Oseberg gefundenen vermitteln uns ein klareres

14

Ein fortschrittliches Volk: Die Wikinger

haben schließlich eine Doppelnatur, eine kriegerische und eine Frieden stiftende. Lediglich als Folge davon nehmen Raubzüge und Tauschhandel eine organischere Natur an, sodass man von einer organisierten Kolonialisierung der eingenommenen Länder und von einem gut geplanten kommerziellen Eindringen sprechen kann.

Unten, Fotografie von 1904 von der Auffindung des drakkar *in Oseberg. Gegenüberliegende Seite, Silbergeld aus dem 9. Jh. mit einer Wikingergaleere, gefunden in Birka im Mälarensee (Stockholm); unten, der Bug des* drakkar *aus Oseberg.*

Bild zur Typologie der Wikingerboote. Sie waren etwa 30 Meter lang, etwas mehr als fünf Meter breit und wogen bis zu 20 Tonnen. Kiel und Rumpf des Schiffes waren so konstruiert, dass sie die Überquerung von gewaltigen Tiefen erlaubten. Daher konnten die Wikinger ohne Probleme auf Seen oder Flüssen fahren. Im drakkar *überlagerten sich die Bretter gegenseitig wie Dachziegel. Beweglichkeit und Manövrierbarkeit wurden durch das Vorhandensein von Rudern entlang der Seiten und eines einzigen quadratischen Segels aus Leinen oder aus unbehandelter Baumwolle erleichtert.*
Für Handels- und Transportzwecke auf dem Meer nutzten die Wikinger einen anderen – größeren und tieferen – Bootstyp, den knarr. *Dieser konnte eine Last bis zu 15 Tonnen tragen.*
Ein typischer Wikingerbrauch war das Verbrennen der Toten und die anschließende Bestattung in einem Schiffsarkophag oder in einem Steinsarkophag in Form eines Schiffs. Der Ritus des Wikingerbegräbnisses bestand darin, den Körper eines Kriegers zu verbrennen. Dabei legte man ihm an die Seite den Leichnam einer Frau, zumeist seiner Lebensgefährtin oder Sklavin. Man glaubte, dass er die Reise Richtung Walhalla (oder auch ins »Wikingerparadies«) dann mit dem geeignetsten Transportmittel, nämlich dem drakkar, *antrat.*

Die Invasion ins Frankenreich

- Eine lange Zeit von Streifzügen und Grausamkeiten
- Ein blutiges Feuermeer von Rouen bis Hamburg
- Das große Heer

- Der Einmarsch ins islamische Spanien
- Krieg auf der Seine
- Das Herzogtum der Normandie

Die Einmärsche der Normannen ins fränkische Territorium werden im 9. und 10. Jh. immer häufiger. Die Wikinger plündern und erpressen Dörfer, Städte und Klöster. Sie fahren die Flüsse hoch und starten auf dem Festland Überraschungsangriffe. Die fränkischen Heere leisten dem keinen ausreichenden Widerstand. Ihre Feinde wissen, dass die Macht der karolingischen Dynastie brüchig wird, und profitieren davon. Eine glückliche Eingebung König Karls des Einfachen kann die normannische Expansion jedoch stoppen. Das Wikingerhaupt Rollo akzeptiert 911, dessen Vasall zu werden. Er erhält dafür jene kleine Region, die daraufhin den Namen Normandie annimmt.

Die Invasion ins Frankenreich

Links, Druck aus dem 17. Jh., der die normannische Belagerung von Paris 885 darstellt. Unten, Bronzestatuette Karls des Großen aus dem 10. Jh., einigen Wissenschaftlern zufolge handelt es sich hingegen um Karl den Kahlen (Paris, Louvre).

Bis Karl der Große das Schicksal des Reichs lenkt, wagen es die »heidnischen Piraten«, wie die Nordleute von den Franken in den Klosterannalen bezeichnet werden, nicht, sich an den Küsten Südfrankreichs zu vergehen. Die harte Lektion, die den Sachsen im nordwestlichen Deutschland zuteil wird, da sie zu widerspenstig sind, sich dem fränkischen Joch unterzuordnen, überzeugt die Dänen, keine Ausbrüche zu versuchen.

776 sucht der Sachse Widukind, der die Volksrebellion anführt, den Schutz des dänischen Königs Siegfried, und Karl der Große lässt noch am selben Tag 4 500 Sachsen enthaupten. Die fränkische Überlegenheit wird von Neuem im Jahr 799 demonstriert, als – wie Alkuin (735–804), ein gelehrter Mönch am Hofe Karls des Großen, berichtet – die normannischen Schiffe erfolglos die Küsten Aquitaniens bedrohen. Der fränkische Herrscher befiehlt, die Verteidigungslinien entlang der Küste zu verstärken. 804 werden die Nordalbingier – die nördlich der Niederelbe wohnen-

Unten, Wikingerhelm aus dem 7. Jh. aus Uppland in Schweden (Stockholm, Statens Historiska Museum).

Die normannischen Überfälle

1 Paris
2 Köln
3 London
4 Nantes
5 Hamburg
6 Luni
7 Pisa

Angelsächsisches Reich
Keltisches Reich
Wikinger
→ Überfälle
● Plünderungen (793–865)

den Sachsenstämme, beharrliche Rebellen – massenweise abtransportiert und ihre Gebiete von den Abodriten (Westslawen), Verbündeten der Franken, neu bevölkert.

Da sich das fränkische Reich, als die Sachsen einmal bezähmt waren, inzwischen bis zu den Grenzen der Slawen und des Dänenreichs ausgebreitet hat, vermutet der dänische König Gottfried einen drohenden Angriff der Franken auf das dänische Festland und ergreift daher als Erster die Initiative: Im Jahre 804 lässt er alle seine Schiffe vor den fränkischen Küsten bereitstellen. Es ist ein militärisches Machtspektakel, das die Franken beeindruckt. Vier Jahre später marschiert Gottfried in das Gebiet der Abodriten zwischen dem Baltischen Meer und dem Elbbecken ein und bringt sich in den Besitz des Handelsstützpunktes Rerik (Ostsee). Anschließend lässt er in Jütland einen beeindruckenden Schutzwall erbauen, den *Danevirke*, den dänischen Wall. Karl der Große begreift die königliche Stärke seines Gegners und lässt eine Festung jenseits der Elbe errichten, um eine Invasion abzuwenden. Gottfried bewaffnet 200

Unten, ein »Bilderstein« aus Gotland aus dem 9. Jh., im oberen Teil die Darstellung einer Schlacht zwischen zwei Infanteristen, im unteren Teil ein Schiff mit Kriegern.

Die »Nordmänner«

Die Wikinger nach europäischer Definition

Um die Wikinger oder auch die skandinavischen Völker namentlich zu bezeichnen, verwenden die fränkischen Chronisten den Begriff Normannen *(was soviel heißt wie* »Nordmänner«*) oder auch* Norweger. *Letztere werden tatsächlich in derselben Weise bezeichnet (*Northmen *oder* Norsemen*). Die Engländer bezeichnen die Wikinger als* Dänen *(in Bezug auf die Dänen oder die Norweger im Allgemeinen). In den deutschen Chroniken wird der Begriff* Askomanen *verwendet (*»Menschen der Eschen«*), in Anlehnung an die Holzsorte, mit der die Wikinger ihre Schiffe bauen. In den irischen Quellen wird der Terminus* Gall *oder* Lochlannach *verwendet, was mit der Bedeutung von* »Ausländer, Fremder« *oder auch* »aus dem Norden«*,* »Menschen von den Seen« *korrespondiert, oder* Ostmen *(*»Menschen aus dem Osten«*). Die Iren pflegten ferner, zwischen Dänen und Norwegern zu unterscheiden, indem sie Erstere mit dem Adjektiv* »schwarz«*, Letztere als* »weiß« *bezeichneten. Die farbliche Differenzierung ist möglicherweise auf die Farben ihrer Rüstungen und Schilde zurückzuführen. Die Byzantiner nennen die Schweden* Rus*, ein slawisches Wort, das aber auch von den Finnen entlehnt ist, die das Land der Schweden mit dem Wort* Ruotsa *bezeichnen. Dessen Bedeutung spielt mit zwei spezifischen Aktivitäten, die gewöhnlich von den Schweden ausgeübt wurden: mit jener des Ruderns und des Handelns.*

Rechts, eine mittelalterliche Miniatur mit der Darstellung einer Schlacht zwischen Wikingern und Franken aus den Chroniken von Saint-Denis (Paris, Bibliothèque Nationale). Unten, kleiner Kopf aus Silber, gefunden in Aska in Schweden, wahrscheinlich handelt es sich um einen Anhänger, der als Glücksbringer oder dazu dient, die Feinde zu erschrecken.

Schiffe. Im Jahr 810 sticht er gen Friesland in See, wo er lagert und einen Kriegstribut von 100 Pfund Silber fordert, während er sich auf den Einmarsch in Aachen vorbereitet. Dies allerdings wird nie erfolgen, da der dänische Herrscher stirbt, wie Eginhard oder Einhard (770–840), der Biograf des Herrschers, mit offensichtlich größter Be-

stürzung berichtet – möglicherweise aufgrund von Intrigen am Hofe und wegen interner Streitigkeiten um die Macht der dänischen Krone.

Die Spannungen zwischen dem fränkischen und dem dänischen Reich scheinen sich zu vermindern, auch weil der Bruder des bestatteten Königs, Hemming, sich um die Versöhnung mit Karl dem Großen bemüht. Zwischen den Franken und den Dänen vergeht eine relativ friedliche Zeit. Kurz darauf jedoch kräuseln sich die Wasser der großen Flüsse – insbesondere der Loire und der Seine – bedrohlich, als sie von Wikingerschiffen durchfurcht werden.

Die Invasion ins Frankenreich

Eine lange Zeit von Streifzügen und Grausamkeiten

Die Dänen und Norweger beginnen nach dem Tod Karls des Großen (814), sich wieder vor der Küste Nordfrankens aufzustellen, in der Absicht, die fette Beute durch weitere abenteuerreiche Überfälle anzureichern. Und so locken die Regionen um die Mündungen der Seine und

Unten, Aquarell von Albert Sébille (1874–1953) mit einem wikingischen drakkar.

Eine reiche Dokumentation

Die fränkischen Quellen

In der fränkischen Welt, die von normannischen Streifzügen heimgesucht wurde, sind es die Mönche und Geistlichen, welche die Tragik jener Zeit auf Papier (in Form von Chroniken, Annalen, Gedichten, Wundergeschichten oder Kapitularien) festhalten. Von diesen Dokumenten sind die Klosterannalen von besonderem Interesse. Die königlichen Annalen haben eher offiziellen Charakter und betreffen das Leben des Königs (Les Annales de Saint-Bertin und Annales de Fulda). Unter den Klosterannalen sei an Les Annales d'Angoulême erinnert, in denen der Angriff auf Nantes 843 erwähnt wird, und in denen die belagernden Normannen als »Westfalen« oder als Norweger aus der Region westlich von Oslo (Vestfold) bezeichnet werden. Les Annales de Saint-Vaast etwa stellen die Wikingerstreifzüge im Frankenreich zwischen 874 und 900 sehr genau dar. Les Annales royales beziehungsweise die Annalen von Saint-Bertin aus der Feder Hincmars, des Erzbischofs von Reims, betreffen die erste Periode von 830 bis 882 und dokumentieren die Invasionen im 9. Jh. Die Annalen von Fulda kommentieren zu weiten Teilen das feige Verhalten Karls des Großen. Von den arabischen Quellen, die die normannische Expedition ins Mittelmeer beschreiben, sind beispielsweise Becri zu nennen, der die Plünderung Nekors in Marokko im Jahre 860 beschreibt, und Ibn Adhari, der die militärische Führung der Normannen in Nordafrika erläutert.

*Rechts, Peter Nicolai Arbo (1831–1892), Wikingeranführer (Oslo, Nasjonalgalleriet).
Unten, Stich aus dem 19. Jh. mit der Darstellung einer Belagerung durch die Wikinger.*

der Loire herum die skandinavischen Piraten an. Sie stürzen sich vor allem auf die Reichtümer der Klöster in den Regionen der beiden großen Flüsse – wie es etwa dem Kloster von St. Philibert auf der Insel Noirmoutier (an der atlantischen Küste, Département Vendée) geschieht, das ausgeplündert und in Schutt und Asche gelegt worden ist und anschließend in ein Lager zum Überwintern umgewandelt wird. Aber es ist auch das reiche Vorkommen von Salzablagerungen und Weinbergen, die sie diese Regionen bevorzugen lassen. Während der Streifzüge von Frühling bis Herbst agieren die gefürchteten Normannen mit unglaublicher Schnelligkeit, indem sie alles abräumen und die überfallene Bevölkerung vollständig entmachten. Wiederholt überfallen, in Brand gesetzt und ausgeplündert wird Dorestad, eine wichtige wirtschaftliche Basis in der Nähe von Utrecht, die als Vorposten zum Überwintern genutzt wurde. Friesland wird zu weiten Teilen geplün-

22

Die Invasion ins Frankenreich

dert und den Bewohnern die Zahlung ungeheurer Tribute auferlegt. 836 wird Antwerpen bis auf den Grund niedergerissen, dasselbe Schicksal widerfährt Witla (Friesland). Die Wasser der Schelde aufwirbelnd nehmen die Eindringlinge die Insel Walcheren ein, töten die Bewohner und nehmen neben allem, was sie finden können, auch die Frauen als Beute mit. Im Jahre 838 ist es an der Zeit, den Franken zu helfen: Während die Küstenverteidigung verstärkt wird, lässt ein Sturm eine dänische Flotte im Meer versinken. Aber schon 839 erscheinen die Normannen wieder, um noch einmal die Insel auf der Schelde auszuplündern.

Unten, wikingische Goldmünze aus Söderby in Schweden.

Ein blutiges Feuermeer von Rouen bis Hamburg

Zwei weitere bedeutende Reiche werden unmittelbar nach dem Tod Ludwigs des Frommen mehrfach von den Normannen besetzt, ausgeraubt und in Brand gesteckt: Rouen und Quentovic. Der König Asgeir weicht, nachdem er jeden heiligen Ort und jedes Kloster im Gebiet der Seine

23

Rechts, Abtei von Jumièges, gegründet im 7. Jh. von Filibert, zerstört im 9. Jh. durch eine Wikingerinvasion. Unten, Zeichnung aus dem 19. Jh. mit einer Darstellung der Ankunft der Wikinger an der französischen Küste.

ausgeplündert hat, einem direkten Zusammentreffen mit dem fränkischen Heer bei Saint-Denis aus. Typisch für das militärische Verhalten, das die Normannen angenommen haben, begegnen seine bis zu den Zähnen bewaffneten Truppen dem fränkischen Heer ganz of-

»Eine so feige und widerwärtige Rasse«

Fränkische Mönche und der normannische Terror

Pascasius Radbertus (ca. 790–865) schreibt in der ersten Hälfte des 9. Jh.s : »Wer von uns hätte jemals gedacht oder sich vorgestellt, dass wir innerhalb einer so kurzen Zeit von so schrecklichem Unglück heimgesucht würden? Heute erzittern wir vor dem Gedanken an diese plündernden Piraten, die – zu Banden vereint – in der Gegend von Paris die Kirchen entlang des Seineufers niederbrennen. Wer hätte je gedacht, frage ich, dass Räuberbanden jemals solche Sakrilege begehen? Wer hätte je glauben können, dass ein so ruhmreiches Königreich, so bewehrt, so groß, so reich bevölkert, so kräftig, auf diese Weise so erniedrigt und von einer so feigen und widerwärtigen Rasse so geschlagen werden würde?« Der Mönch Ermentarius beschreibt in seinem scriptorium des Klosters von Noirmoutier die Tragik und Unabwendbarkeit der Geschehnisse, die sich im Zuge der normannischen Streifzüge zutragen: »Die Schiffe sind stets zahlreich, und auch die Wikinger werden zahlreicher. Überall werden die Christen zu Opfern von Massakern, Bränden oder Plünderungen. Die Wikinger zerstören alles auf ih-

Die Invasion ins Frankenreich

fen. Denn sie sind vor allem bei Überraschungsangriffen mit dem expliziten Ziel, Beute zu machen, tüchtig. Ausgeplündert wird in den folgenden Jahren auch das Kloster von Jumièges. Fränkische Chroniken und Annalen berichten, dass das Kloster Fontanelle in der Diözese von Rouen, nachdem es einen Tribut in Silberpfunden geleistet hatte, von den Plünderungen verschont wurde, und dass ferner durch eine weitere stattliche Geldleistung 68 Gefangene von Saint-Denis wieder zurückgegeben wurden.

Unten, Wikingeraxt in T-Form, ein Axttyp, der normalerweise zum Zerteilen von Holz verwendet wurde, dieses Exemplar ist jedoch verziert und wurde daher vermutlich entweder als Waffe oder als Prestige- und Machtsymbol verwendet.

*rem Weg. Es gibt keine Möglichkeit, sich zu verteidigen. Sie nehmen Bordeaux, Périgueux, Angoulême und Toulouse ein. Sie zerstören Angers, Tours und Orléans. Eine unvorstellbare Zahl von Schiffen durchfurcht die Seine, überall lauert Unheil. Rouen wird angegriffen, ausgeplündert und niedergebrannt. Paris, Beauvais und Meaux werden eingenommen. Die Zitadelle von Melun wird bis auf den Grund zerstört. Chartres wird besetzt. Evreux und Bayeux werden ausgeplün-*dert und alle anderen Städte angegriffen.« In den Annalen von Saint-Bertin *liest man:* »Eine dänische Flotte kommt in Friesland an, und die Männer verwüsten alles. Sodann setzen sie nach Utrecht über, um das emporium bei Dorestad zu erreichen, wo sie weitere Verwüstungen anrichten. Sie töten die Bevölkerung oder nehmen sie gefangen und zerstören die angrenzenden Gebiete vollkommen.« Die Annalen von Saint-Vaast *von 884 enthalten Infor-*mationen dieser Art: »Die Nordmänner töten fortwährend und nehmen Christen als Gefangene. Fortwährend zerstören sie die Kirchen, die Häuser und setzen die Städte in Brand. Entlang den Straßen sieht man Kadaver von Priestern und Laien, Adligen und gemeinem Volk, von Frauen, Kindern und Neugeborenen. Es gibt keine Straßen, auf denen nicht irgendwo die Körper von ermordeten Christen zu sehen sind. Traurigkeit und Verzweiflung erfüllen die Herzen aller Christen, die diesem Gemetzel beiwohnen.«

Rechts, Miniatur, die von Karl dem Kahlen für das Kloster von Saint-Denis in Auftrag gegeben wurde, seinem bevorzugten Kloster. Unten, Karl der Kahle in einer Miniatur aus der Zeit zwischen 842–867 (Paris, Bibliothèque Nationale).

Die interne Aufteilung und die Schwäche des Frankenreichs bedingen das Schicksal des Reichs ganz erheblich. Dies äußert sich beispielsweise in einer Initiative Lothars, der im Jahre 841 den dänischen Anführern Heriold und Rorik die Insel Walcheren als Lehen übereignet, um sich im Gegenzug mit den Brüdern Ludwig dem Deutschen und Karl dem Kahlen die fränkische Krone zu sichern. Anzeichen für die innere Zersetzung und das Schwachwerden des Frankenreichs in politischer Hinsicht ist jedoch noch eine andere Tatsache: Massaker und Plünderungen durch die Dänen in Aquitanien und in der Bretagne erfolgen in Verbündung mit dem fränkischen Adel. Der Zustand ist so unerträglich geworden, dass auch die Landbevölkerung beschließt, sich zu bewaffnen, um der normannischen Gefahr selbstständig zu begegnen.

In der Entschiedenheit der Landbevölkerung, sich zur Verteidigung zu rüsten und Milizen zu bilden, in deren Reihen sich Männer befinden, die es eigentlich gewohnt sind, das Land zu bestellen, spüren die Feudalherren eine deutliche Bedrohung ihrer Privilegien und unterstützen deshalb immer mehr die Normannen, nicht mehr nur in der Bekämpfung des fränkischen Königs, sondern auch der kleinen Bauern.

Im Sommer des Jahres 843 wird Nantes von den Normannen in Schutt und Asche gelegt. Die Chroniken berichten, dass 67 Schiffe die Stadt am Festtag des Heiligen Johannes des Täufers (24. Juni) überraschen. 844 fahren die skandinavischen Piraten ungestört auf der Gironde und auf der Garonne in Richtung Toulouse und plündern die Umgebung. Ein heftiger Sturm lässt ihre Boote

Unten, Fragment eines Manuskripts aus dem 12. Jh. mit der Darstellung eines Wikingerschiffs mit Kriegern (Paris, Bibliothèque Nationale).

»Befreie uns, Herr, von der Wut der Normannen«

Räuber oder Verkäufer des göttlichen Zorns?

Die Ankunft der Normannen und ihre Zerstörungsmaßnahmen und Blutbäder im Gebiet der Seine und der Loire werden von den Mönchen als beängstigende Anzeichen des Weltuntergangs gedeutet. Chroniken und Annalen sind voll von apokalyptischen Bildern: Feuer in Form von Drachen, Flammen auf dem Meer, schreckliche Wirbelstürme, Kometen und andere Himmelssymbole künden von Unheil. Der Normanne wird als ein Instrument des göttlichen Zorns angesehen, der die christlichen Sünder bestraft. In vielen Kirchen wird nach den Litaneien folgende Anrufung angefügt und rezitiert: »Befreie uns, Herr, von der Wut der Normannen!« 839 – wie die Annalen von Saint-Bertin berichten – überliefert der Bischof Prudentius von Troyes die dramatische Vision, die ein englischer Priester hatte und die er per Eilboten Ludwig dem Frommen übermitteln ließ: »Wenn die Christen nicht sofort Buße ablegen über ihre unzähligen Laster und Missetaten, wird in Kürze eine große und schreckliche Gefahr über sie hereinbrechen: Für drei Tage und drei Nächte wird sich über ihr Land ein dichter Nebel ausbreiten, und die Heiden werden zu ihnen kommen und mit einer ungeheueren Zahl von Schiffen den größten Teil des christlichen Volkes töten und Land und Güter mit Eisen und Feuer zerstören.«

abdriften. Fast zerschellen diese an der galizischen Küste. Der Versuch, die Bevölkerung des muslimischen Spaniens auszuplündern, scheitert, da die Einwohner erbitterten Widerstand leisten. Die Angreifer insistieren nicht und lenken die Flotte Richtung Norden. Sie verrichten ihre üblichen Raubzüge in der Gegend um Bor-

Persönliche Interessen und Zwietracht bedrohen das Reich

Der Niedergang des Karolingischen Reichs

Nach dem Tod Ludwigs des Frommen (840), der bereits wegen der Thronfolge durch den Verrat seiner Kinder und Neffen Demütigungen erlitten hatte, wird das Reich gemäß den Einigungen von Verdun (843) in drei Staaten unterteilt. Das Ostfrankenreich (Deutschland jenseits des Rheins) wird von Ludwig dem Deutschen regiert, das Westfrankenreich (westlich der Grenze, die von Schelde, Maas und Rhône markiert wird) von Karl dem Kahlen und der zentrale Teil des Reichs (Friesland, Italien, Austrasien zwischen Maas und Rhein, Burgund) von Lothar I. Die drei fränkischen Herrscher denken jedoch ausschließlich an ihre eigenen regionalen Interessen und setzen damit das politische Überleben des Reichs selbst aufs Spiel. Nach der Schlacht von Fontenoy (841) kommentiert der Mönch Regino von Prüm beinahe mit Sarkasmus die Gleichgültigkeit und Inkompetenz der Franken hinsichtlich des Regierens: »Folglich waren sie nicht einmal mehr in der Lage, die bestehenden

Die Invasion ins Frankenreich

deaux und beschließen, auf einer Insel weit vor der Küste Aquitaniens zu überwintern. Nicht zuletzt wegen einer großen Hungersnot, die die permanent von den Wikingern bedrohten fränkischen Regionen heimsucht, ist 845 ein unheilvolles Jahr. Auch das Klima hat kein Mitleid mit der lokalen Bevölkerung. Gewaltige Windböen ruinieren die Ernte und die Weinberge, während – den Chroniken zufolge – Horden von ausgehungerten Wölfen die Bevölkerung Galliens in Angst und

*Gegenüberliegende Seite, Jean-Victor Schnetz (1787–1870), Der Herzog Odo verteidigt Paris gegen die Normannen (Versailles, Musée Historique).
Unten, Ludwig der Fromme und sein Sohn Lothar in einer Miniatur aus dem Liber Aureus (Trier, Stadtbibliothek).*

Grenzen zu überwachen, von deren Ausweitung ganz zu schweigen.« Gefolgt von einer sehr heftigen Kritik des Mönches Ermentarius: »Die Zwietracht unter den Brüdern verleiht den externen Feinden neue Kräfte. Die Wachen an den Ozeanküsten werden im Stich gelassen, die Kriege mit dem Ausland zwar beendet, jedoch innere Kriege entfacht, während sich die Zahl der Schiffe multipliziert und die Menge der Normannen unbegrenzt anwächst.« Schwere Anschuldigungen macht Ermentarius schließlich wegen einer Art und Weise des Handelns, die die fränkischen Herrscher annehmen, um gegen das Problem der normannischen Invasionen vorzugehen: »In ihrer Trägheit und in gegenseitiger Rivalität kaufen sie sich los, indem sie Tribute für das zahlen, was eigentlich durch die Waffen im Kampf hätte verteidigt werden sollen, und treiben

das Königreich der Christen in den Ruin.« Vor der Taufe Ludwigs des Stotterers erinnert ihn Hincmar, der Erzbischof von Reims, seiner Pflichten als König: »Setzt den Plünderungen und den Veruntreuungen, die das Reich zerstören, ein Ende. Helft diesem unglücklichen Volk, das so viele Jahre stöhnt, gebeugt von der Last von Zahlungsleistungen jeder Art sowie Tributzahlungen, um die Normannen zu vertreiben. Dieses Reich weiß sich zu lange allein mit Abgaben zu verteidigen, die das arme Volk haben verbluten lassen und sogar die Kirchen ruiniert haben, die einst so reich waren.«

29

*Oben, Druck mit der Darstellung eines Wikingerangriffs auf Paris 845.
Unten, Karl der Kahle in einer Miniatur aus der Bibel, welche ihm gehörte (Paris, Bibliothèque Nationale).*

Schrecken versetzen. Der Versuch Karls des Kahlen, Paris zu verteidigen, das erstmals am 28. März angegriffen wird, erweist sich als erfolglos. Das fränkische Heer positioniert sich an den Ufern der Seine, um den Feind aufzuhalten. Die Normannen jedoch greifen eine der Gruppen an und erhängen alle Gefangenen so, dass sie für die Franken auf der anderen Uferseite gut sichtbar sind. Diese geben nun, von Panik ergriffen, ihren Uferposten auf. Um die Besetzung von Paris zu beenden, zahlt Karl der Kahle im Frühling des Jahres 845 7 000 Pfund Silber an König Ragnar Lodbrok, der sich mit 120 Schiffen auf der Seine positioniert hat. Nachdem sie das Geld eingetrieben haben, dirigieren die Normannen ihre Streifzüge anderswo hin: Auch Hamburg wird angegriffen, verwüstet und ausgeplündert. Die Chroniken übertreiben allerdings in ihrer Schilderung des vom Meer aus erfolgenden Sturms, wenn sie 600 Wikingerschiffe zählen. 846 ist Friesland bereits vollständig in der Hand der Normannen. Die Annalen des Klosters von Fulda geben ihm die Bezeichnung »Wikingerlehen«. Auch in den folgenden Jahren setzen andere dänische Raubbanden das Wüten in Aquitanien und in Städten wie Bordeaux und Thérouanne fort.

Die Invasion ins Frankenreich

Das große Heer

In der 2. Hälfte des 9. Jh.s sind in Aquitanien und in der Bretagne nicht nur häufige Piratenzüge zu verzeichnen, sondern auch regelrechte Militäreinsätze. Sicher an der Küste positioniert lassen die Skandinavier ihre Schiffe nun stehen und bewegen sich zu Pferde fort. So erreichen sie 864 Clermont in der Auvergne, nachdem sie die Schiffe an der Charente zu Anker gelassen haben. Es ist ein großes und gut ausgerüstetes Heer. Nun sind es nicht mehr bloß kleine Kriegerbanden, die eine Stadt nach der anderen wiederholt dem Erdboden gleichmachen:

Unten, Holzdrachen, der einen normannischen drakkar *verzierte, es handelte sich hierbei um raffinierte Holzschnitzereien mit der Aufgabe, den Angreifern Schrecken einzujagen.*
Unten rechts, dänisches Eisenschwert mit zweischneidiger Klinge.

»Wir sind alle gleich!«

Die Autorität der Normannenführer

Die Wikinger führten den Königstitel, der einigen Anführern verliehen wird, nicht mit derselben Bedeutung wie die Franken. Der Mönch Abbo definiert in seinem Bericht von der Belagerung von Paris 885 Sigfried als »König nur dem Namen nach«, in der Absicht, dessen Autorität zu mindern. Auf die Frage eines fränkischen Boten, an welchen Anführer er sich für den Vertragsschluss zu wenden habe, antworteten die Normannen mit einem Witz, der die Franken entgeistert: »Wir sind alle gleich!« Die Autorität der nordischen Heeresführer bemaß sich nach einer Vielzahl von Kriterien. Ein Anführer konnte sehr tapfer sein, ein anderer der Abenteuerlustigste, wieder ein anderer der fähigste Seefahrer. Jeder König führte die Banden auf seine eigene Art, aber alle waren sie Könige des Meeres, da sie in der Schifffahrtskunst eine anerkannte Vorherrschaft genossen. Die Annalenschreiber haben die Namen von etwa 50 Meereskönigen überliefert. Viele von ihnen sind in die Geschichte eingegangen. Olaf Haraldsson, genannt »der Dicke«, ist am Ende seines Lebens sogar heiliggesprochen worden. Der von den fränkischen Chronisten am häufigsten erwähnte ist Ragnar Lodbrok. Er belagerte 843 Nantes und plünderte 844 und 845 Bordeaux und Toulouse. Er war es zudem, der den ersten Angriff gegen Paris anführte.

Rechts, Goliat als normannischer Krieger in einer Miniatur aus dem 11./12. Jh. aus dem Kommentar zu den Psalmen des Heiligen Augustin aus der Abtei von Saint-Evroult in der Normandie (Rouen, Bibliothèque Municipale). Unten, wikingischer Krieger während einer modernen Nachstellung in Århus in Dänemark. Gegenüberliegende Seite, oben, Wikingerschwert, gefunden in der Themse; unten, normannischer Krieger mit Kettenpanzer aus Eisen und dem typischen Schild.

Chartres, Amiens, Toulouse, Bordeaux, Périgueux, Limoges, Tours, Noyon, Bayeux. In Beauvois beginnt das fränkische Heer eine Schlacht gegen die Normannen und gewinnt die Oberhand über den Gegner, der jedoch im darauf folgenden Jahr mit 252 Schiffen in Friesland aufläuft, um Tribute einzufordern. Weitere normannische Schiffe fahren in der Zwischenzeit wieder die

Seine hinauf. Karl der Kahle macht den Vorschlag, dass sie sich nach einer Geldleistung zurückziehen. Die Dänen sind einverstanden, die Seine im Juli 853 zu verlassen. Sie finden sich allerdings wieder ein, um die Loire hinaufzufahren, und plündern die Umgebung sowie bereits zum zweiten Mal Nantes aus. Eine weitere Schar von Normannen unter der Führung von Björn Eisenseite (vermutlich ein Sohn von Ragnar Lodbrok) lässt sich wieder auf der Seine blicken, nachdem sie Rouen zum x-ten Mal ausgeraubt hat, und überwintern auf der Insel Oissel bei Jeufosse.

Am 26. Dezember 856 wird die Umgebung von Paris besetzt und in Brand gesetzt. In den Rheinregionen beginnen sie von der Somme und der Garonne aus weitere

Die Invasion ins Frankenreich

Von Kriegerbanden zu einem großen Heer

Der militärische Fortschritt

Wenn man bedenkt, dass ein Wikingerboot durchschnittlich zwischen 40 und 60 Krieger transportieren konnte, folgt daraus, dass die Normannengruppen, die im Frankenreich (mit einer Bevölkerung von fünf Millionen Einwohnern) eingesetzt wurden, immer nur mit wenigen Hundert Bewaffneten tätig wurden. Anscheinend wurden nur bei der großen Belagerung von Paris 885 ungefähr 28 000 Mann gezählt.

Erst im 9. Jh., bei der Belagerung von Nantes im Jahre 843, beginnen die normannischen Abteilungen sich bis zu 2 680 Kriegern zu vergrößern. So waren es 4 800 beim ersten Angriff auf Paris im Jahre 845, gut 24 000

hingegen nahmen am Angriff auf Hamburg im selben Jahr teil. Die größte Zahl wird 1066 erreicht, als Wilhelm der Eroberer sich mit 60 000 Mann und 1 500 Schiffen darauf vorbereite, von der Normandie aus die Küsten Englands anzusteuern. Die in Frage stehenden Zahlen sind Quellen entnommen – Chroniken und Annalen –, in denen die wissenschaftlich gesicherte Komponente der Fakten allerdings mit einer emphatischen Erzählweise in Konflikt gerät. Auf die vorgenommenen Rechnungen kann man sich folglich nicht verlassen, doch immerhin bieten sie dem Historiker eine Reflexionsbasis über das emotionale Ausmaß der Bedrohungen, welche die Normannen auslösten. Ferner erlauben sie die Annahme einer ansteigen-

den Zahl der Männer und des Materials, welche die Normannen im 9. und 10. Jh. im fränkischen Territorium für die echten Militäreinsätze verwendeten. Für die Zahlen der Schiffe, die für das Durchfurchen der großen Flüsse des Frankenreichs genutzt wurden, ergeben sich aus den Quellen folgende Daten: 67 Schiffe für den ersten Angriff auf Nantes 843, 120 Schiffe für die erste Belagerung von Paris 845 und 600 Schiffe für die Attacke auf Hamburg. 852 wird Friesland von 252 Wikingerschiffen belagert. Von 859 bis 862 werden das islamische Spanien, Marokko, die Provence und Zentralitalien von 124 Schiffen durchquert. Nach Meeresstürmen und Zusammenstößen mit den »Mohren« kehren die Normannen jedoch von ihrer Mittelmeerexpedition mit nur noch etwa 80 Schiffen zurück. 885 erleidet Paris eine Belagerung durch beeindruckende 700 Schiffe.

33

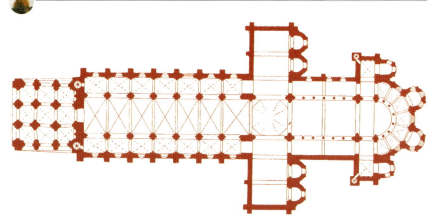

Oben, Plan der Abtei von Saint-Benoît-sur-Loire, erbaut zwischen 1067 und 1108 auf den Ruinen des Benediktinerklosters aus dem 7. Jh., zerstört von den Normannen.
Unten, Druck mit einer Darstellung Roberts des Starken.

Raubzüge, und 869 zerstören sie das Kloster von Saint-Bertin. Sie entscheiden, einen Ausbruch an die Küste Englands zu unternehmen, wohl um einer Übereinkunft zwischen ihrem Wikingerhaupt Weland und Karl dem Kahlen Folge zu leisten. Dieser hatte eine Belohnung von 3 000 Silberpfund dafür angeboten, dass von der Seine weitere Normannen vertrieben würden, die auf Oissel kampierten. Aber der strikte Vertrag mit dem Wikingeranführer enthüllt sich als schlechtes Geschäft für den fränkischen Herrscher: Die Normannen auf Oissel, die sich von Weland übergangen sehen, bieten, um ihrer Niederlage zu entkommen, eine beträchtlichere Abgabe. Gemeinsam vereint setzen die beiden Normannenheere unter dem Kommando Welands ihre Grausamkeiten in der

34

Die Invasion ins Frankenreich

Seinegegend fort. Im Januar desselben Jahres wird Paris zum dritten Male angegriffen. 865 fahren 50 Wikingerschiffe die Seine hoch bis nach Pîtres. 500 Normannen greifen Chartres und Bourges, weitere Saint-Denis an. Hasting, ein Normannenhaupt, zerstört das Kloster Saint-Benoît-sur-Loire und plündert Orléans und Umgebung. 400 Normannen erreichen 866 zusammen mit den Bretonen Le Mans und greifen die Truppen des fränkischen Herzogs Robert des Starken an. Dieser, dem Karl der Kahle die Verteidigung von Neustrasien, der Region zwischen Seine und Loire, anvertraut hatte, stirbt in der Schlacht. Im Juli zahlt Karl der Kahle für deren Rückzug 4 000 Silberpfund. Die Normannen lassen dann von der von ihnen besetzten Brücke von Pîtres ab und nehmen die Route Richtung Meer. Zwei Jahre später plündern sie erneut Orléans und greifen zum dritten Mal Poitiers an. 873 ereilt auch noch eine Naturkatastrophe die mitgenommene Bevölkerung: Heuschrecken dringen in das Frankenreich und nach Spanien ein.

Unten, wikingische Lanzenspitzen (Stockholm, Statens Historiska Museum).

Der Einmarsch ins islamische Spanien

Von der verlockenden Perspektive schneller Beute gefesselt haben die Normannen den Traum, von Aquitanien aus einen Streifzug nach Spanien zu unternehmen und nach Überquerung der Meeresenge bei Gibraltar an der nordafrikanischen Küste anzulegen. Und tatsächlich plündern sie 844, vereint im Golf von Biskaya, Gijon und La Coruña. Die Reaktion der Einwohner von Asturien zwingt sie jedoch,

Unten, Druck von Anfang des 20. Jh.s mit der Darstellung einiger Wikingerkrieger auf einem drakkar.

sich in ihre Boote zurückzuziehen und das Weite zu suchen. So unternehmen sie Raubzüge entlang der Küste des Landes der »Mohren« oder auch der »schwarzen Männer«, wie sie die Normannen nennen. Einige von ihnen nehmen sie gefangen, um sie als Sklaven zu verkaufen,

und bringen sie bis auf die Märkte des fernen Irlands. Sie machen einiges an Beute in Lissabon, und entlang der Mündung des Tejo erreichen sie dann Cádiz und Medina Sidonia. Dann fahren sie den Guadalquivir hinauf und wenden sich in Richtung Sevilla, das zu ihrem Stützpunkt für weitere Streifzüge wird. Die Mohren überraschen jedoch die skandinavischen Piraten – von ihnen mit dem arabischen Epitheton *madjus* (»Hexenbarbaren« oder »Feueranbeter«) bezeichnet –, nehmen einige von ihnen gefangen und hängen einen Teil von ihnen auf oder schneiden ihnen die Kehle durch. Den Normannen bleibt nichts anderes übrig, als die Gefangenen für die Überlebenden und Proviant einzutauschen und nach Aquitanien zurückzukehren. Nun brechen jedoch die Führer des Wikingerheers Björn Eisenseite und Hasting, die mit den Plünderungen Aquitaniens bereits Reichtümer erworben haben, in Richtung Córdoba und Sevilla auf und machen zwischen 859 und 862 wieder von sich reden. Islamischen

Die Invasion ins Frankenreich

Quellen zufolge plündern sie mit 62 Schiffen die iberische Westküste. Sie greifen La Algecira an, brennen die dortige Moschee nieder und vergehen sich am Königreich Nekor in Marokko. Anschließend wenden sie sich in Richtung der Balearen und der südfranzösischen Küste und überwintern schließlich im Rhônetal. 860 plündern die Normannen entlang des niederen Flusslaufes der Rhône Nîmes, Arles und Valence. In der Provence müssen sie jedoch schwere Verluste hinnehmen: Der Herzog Gerhard kämpft gegen sie und vertreibt sie. An diesem Punkt wird auch Italien ein Ziel für ihre Streif-

Unten, Eisenaxt, gefunden in Fyrkat in Dänemark. Unten links, Druck eines normannischen Kriegers von Pierre Duflos (1742–1816).

Eine Anekdote aus dem 11. Jh.

Die List der Normannen

Dudo von Saint-Quentin erzählt in einer seiner Schriften aus dem 11. Jh., dass die Normannen, nachdem sie Pisa und Fiesole ausgeplündert hatten, dachten, Rom vor sich zu sehen. Dass es sich in Wirklichkeit um die kleine Stadt Luni handelt, bemerken die Normannen erst sehr viel später. Um in die Stadt einzudringen, wenden sie eine List an. Boten richten aus, dass ihr Anführer vor dem Tod noch Christ werden und sich daher taufen lassen wolle. Die Einwohner von Luni gehen darauf ein und bereiten für Hasting eine Zeremonie vor. Im Verlauf der Feier gibt er vor zu sterben. Während der Begräbnisfeierlichkeiten hebt Hasting, der scheinbare Leichnam, den Sargdeckel an und tötet den Bischof mit dem Schwert, als dieser für seine Seele betet. Die Normannen legen die Stadt in Schutt und Asche. Ähnliche Tricks werden von den Wikingern auch bei anderen Gelegenheiten angewendet, um in die Städte zu gelangen, etwa in London und in Pleskow in Russland. Einige Gelehrte gehen sogar davon aus, dass man aufgrund eines Gleichklangs beider Namen London mit Luni verwechselt hat: Londonia und Luna.

37

züge. So fahren sie den Arno hinauf und verwüsten Pisa und Fiesole. Sie kehren zurück in die Gegend des Golfes von Biskaya, unternehmen in Pamplona Raubzüge und nehmen einen Fürsten gefangen. 862 tauchen sie erneut auf der Loire und der Seine auf, setzen jedoch ihre Streifzüge dieses Mal in Spanien fort: 966 und 971 im Kalifat der Umayyaden, 968 in Compostela und 1013 in Asturien.

Krieg auf der Seine

Die Dänen, die in Edington und auf der Themse 878 von Alfred dem Großen (849–899), dem König der Angelsachsen, geschlagen wurden, ziehen sich im darauf folgenden Jahr wieder Richtung Festland zurück, und im Sommer landen sie im Gebiet zwischen Calais und Boulogne. Die Franken erleiden eine schwere Niederlage bei Brabant. Ende 880 dringen sie nach Courtrai, nach Arras, in das Gebiet zwischen Boulogne und Saint Valéry, dem Val de Somme, nach Amiens und ins Kloster von Corbie ein, 882 befahren sie die Maas, den Rhein und die Mosel. Die Wikinger werden in diesem Gebiet nur zweimal, 881, geschlagen, nämlich von Ludwig III. bei Saucourt und von Karl III. dem Dicken (839–888) bei Elsloo an der Maas (Asselt). Im selben Jahr jedoch sind sie auch bei Aachen, plündern die Kaiserpfalz und zerstören das Grab Karls des Großen. 883 werden das Kloster Saint-Quentin und die Kathedrale von Arras im Sturm

Oben, wikingische Lanzenspitze und Schwert (Stockholm, Statens Historiska Museum). Rechts, König Alfred der Große, dargestellt in einem Schmuckstück aus der Wikingerzeit.

Die Invasion ins Frankenreich

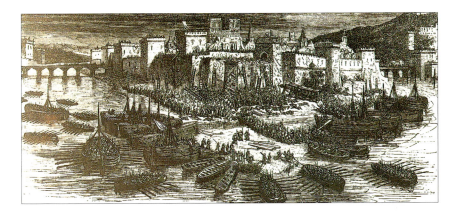

Oben, die normannische Belagerung von Paris 885 in einem Stich von 1840.

genommen, während sich die Wikinger 884, nach dem Waffenstillstand mit König Karlmann, in Richtung Boulogne und Leuven (Löwen) wenden. Auf dem Rhein werden sie vom Herzog Heinrich von Sachsen bedrängt und ziehen sich in die Küstenregionen zurück. Mit 700 Schiffen besetzen sie Paris, weil der Bischof sie nicht hat passieren lassen. Das eigentliche Ziel ist Burgund. Von November 885 bis November 886 leistet Paris Widerstand, aber ein Tribut von nur 700 Sterling, der von Karl dem Dicken gezahlt wird, setzt dem Albtraum ein Ende und verschafft den Belagerern die Möglichkeit für einen Beutezug in Burgund. Die Rettung für Paris sind schließlich das Abdanken Karls des Dicken 888 und der Wille, Widerstand zu leisten. Seit diesem Zeitpunkt werden die Pariser nicht mehr von den Normannen angegriffen, welche die Tüchtigkeit respektieren, die von Herzog Odo und seinen Mitbürgern in der Schlacht demonstriert wurde. Aber im darauf folgenden Sommer zeigen sich andere Dänen vor Paris, und Odo zieht es dieses Mal vor, für ihren Abzug zu zahlen. Die Normannen wenden sich in Richtung Bretagne, wo sie 890 zurückgestoßen werden. Sie überwintern teils bei

39

Unten, Rollo in einem Stich aus dem 19. Jh.

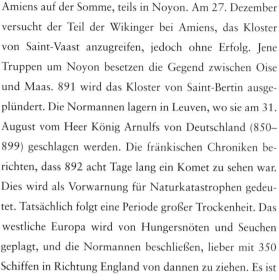

Amiens auf der Somme, teils in Noyon. Am 27. Dezember versucht der Teil der Wikinger bei Amiens, das Kloster von Saint-Vaast anzugreifen, jedoch ohne Erfolg. Jene Truppen um Noyon besetzen die Gegend zwischen Oise und Maas. 891 wird das Kloster von Saint-Bertin ausgeplündert. Die Normannen lagern in Leuven, wo sie am 31. August vom Heer König Arnulfs von Deutschland (850–899) geschlagen werden. Die fränkischen Chroniken berichten, dass 892 acht Tage lang ein Komet zu sehen war. Dies wird als Vorwarnung für Naturkatastrophen gedeutet. Tatsächlich folgt eine Periode großer Trockenheit. Das westliche Europa wird von Hungersnöten und Seuchen geplagt, und die Normannen beschließen, lieber mit 350 Schiffen in Richtung England von dannen zu ziehen. Es ist jedoch beabsichtigt, nach Nordfranken zurückzukehren und sich dort dauerhaft niederzulassen.

Unter der Führung eines gewissen Hune dringen im Jahr 896 250 Wikinger von England aus über die Seine vor, plündern die Region und überwintern bei Choisy-au-Bac. Bis dahin rechnet Odo nicht mit einem Rückzug. 898 sind die Wikinger in Burgund und plündern das Kloster Saint-Florentin in Yonne. In der Schlacht am 26. Dezember werden sie von Herzog Richard geschlagen und verlassen das Gebiet. Auf der Loire fahren sie bis zur Stadt Tours, die 903 wieder einmal ausgeplündert wird.

Wenige Jahre später hören die Plünderungen an der Seine in Folge eines Abkommens zwischen Rollo, dem damaligen Wikingeranführer der Normannen auf der Seine, und Karl dem Einfachen auf. Für weitere drei Jahrzehnte jedoch werden die Bretagne, Aquitanien, das Limousin, die

Auvergne, Burgund und Artois wiederholt erbarmungslos geplündert.

Das Herzogtum der Normandie

Vorrangiges Ziel, das sich Karl III. der Einfache setzt, nachdem er 893 zum König der Westfranken gekrönt worden war, ist es, die Worte »Ende den dänischen Bedrohungen« umzusetzen. Er versucht 897, einen Pakt mit Rollo zu schließen, indem er fordert, dass dieser getauft werde. Man kommt jedoch zu keiner Einigung. Erst 911, als Chartres von Rollo belagert wird, kann der fränkische Herrscher ihm erneut eine Einigung vorschlagen. Die Normannen erleiden in

DATUM	ORT	WIKINGER-SCHIFFE	WIKINGER (*=GETÖTET)
789	Dorset	3	
820	Belgische Küste	13	
836	Somerset	35	
840	Hampshire	33	
843	Somerset	35	
	Loire/Nantes	67	
844	Iberische Halbinsel	70/80	
845	Elbe/Hamburg	600	
	Friesland		1 200*
	Seine		600*
	Seine/Paris	120	
848	Dordogna	9	
851	Themse	350 (9 erbeutet)	
852	Friesland	252	
853	Loire	105	
855	Poitou		300 Überlebende
861	Seine	200+	
		60+	
862	Loire	12	
865	Charente		400*
	Loire	40	500*
	Seine	50	
	Seine/Chartres		500+
	Seine/Paris		200
866	Loire/Le Mans		400 circa
869	Loire		60*
873	Friesland		500* (800*)
874	England	7 (1 catturata)	
876	Seinemündung	100	
877	Dorset	120	
878	Devon	23	800+40*
880	Thiméon		5 000*
881	Saucourt		9 000*
882	Avaux		1 000*
	Elsloo	200	
	England	4 (2 erbeutet - 2 angehalten)	
885	Ostengland	16 (alle erbeutet)	
885-886	Seina/Paris	700	
891	Saint-Omer		550*
892	Kent	250 (Südküste)	
		80 (Nordküste)	
893	Devon	100-140	
894	Sussex	6 (5 erbeutet)	Hunderte
896	Dorset		5* oder 120*

Chartres schwere Verluste, und diese Niederlage treibt den Wikingerführer dazu, den Vorschlag Karls des Einfachen anzunehmen. Nachdem er auf den christlichen Namen Robert getauft worden ist, erhält Rollo als Lehen das Gebiet, das die Seine umgibt, auf dass er es gegen die Angriffe anderer Wikinger und vor den Bretonen verteidige. Diese Bedingungen werden in einem Dokument festgehalten. Diese Gebiete einschließ-

Oben, die Tabelle stellt die Wikingerangriffe in Nordwesteuropa und auf der Iberischen Halbinsel im 9. Jh. dar. Die Daten sind im Wesentlichen der Angelsächsischen Chronik *(von circa 890) und den* Annalen von Saint-Bertin *(861–882) entnommen.*

Gegenüberliegende Seite, rechts, Miniatur mit einer Darstellung der Taufe Rollos (Toulouse, Bibliothèque Municipale); links, Karl III. der Einfache und Rollo in einem Stich aus dem 19. Jh.

lich Bessin, Maine, Cotentin und Avranchin begründen unter den Nachkommen Rollos das Herzogtum der Normandie. Innerhalb kurzer Zeit wird das normannische Lehen von wikingischen Bauern bevölkert, die nicht nur aus Dänemark und aus Norwegen stammen, sondern auch aus Irland und Nordostengland. In der Normandie vollzieht sich – auch durch Heirat der dort ansässigen christlichen Frauen – ein Prozess radikaler Assimilierung der fränkischen Sprache und Bräuche. So kann man nach

Aus einer Übereinkunft zwischen Karl III. dem Einfachen und Rollo entstanden

Der Feudalstaat der Normandie

Die Normandie, die im Herzen des Westfrankenreichs liegt, ist in jeder Hinsicht ein Feudalstaat. Der Wikingerkönig Rollo beweist, dass er den Titel des Herzogs der Normandie verdient hat. Diesen setzt er – gleichbedeutend mit jarl, *der dänischen Form des Herzogstitels, dem englischen* earl *entsprechend – neben den des »Piratenfürsten«. Hierbei handelt es sich um eine Bezeichnung, die die Historiker des 11. Jh.s – unter ihnen Richer von Reims – verwenden, um sich von den nordischen Ursprüngen abzugrenzen. Die skandinavische Ausprägung wird jedenfalls von dem Moment an schwächer, als sich vonseiten der normannischen Aristokratie der definitive Wille zeigt, sich in die westliche Welt zu integrieren. Vom nordischen Dialekt bleibt*

Die Invasion ins Frankenreich

mehr als zwei Generationen sagen, dass es sich um eine fränkische Region und nicht mehr um eine Wikingerkolonie handelt. Rouen ist als Sitz wichtiger Klostergründungen politische und religiöse Hauptstadt des Herzogtums. Aufgrund der Existenz einer Münze und eines Hafens genießt die Stadt eine wirtschaftliche Blüte. Der Hafen ist der bedeutendste von denen, die sich am Ärmelkanal befinden. So gehen die Beziehungen der Normannen mit England hauptsächlich von ihm aus.

nur wenig übrig, so etwa in einigen Städtenamen, die mit skandinavischen Namen beginnen (Osmund: Osmundiville; Ragnar: Regnetot; Torbjorn: Torberville; Ulf: Ulveville) oder auf -bec, -bu, -dique, -tot, -gard, -land, -tofte, -torpe enden. Seit 940 ist das dänische Idiom nahezu vergessen, und die romanische Sprache setzt sich vollständig im gesprochenen Normannisch durch. Die skandinavischen Wörter werden lediglich für einige Tätigkeiten gebraucht, die ausschließlich von Männern ausgeführt werden, wie der Fischfang oder die Schifffahrt (bâbord, tribord, quille, havre). In perfektem Einklang mit dem Feudalsystem karolingischer Herkunft – in dem es keine Spur von Versammlungen nach Wikingerart wie den thing oder die hundreds gibt – nimmt die normannische Gesellschaft auf politischer, juristischer und sozialer Ebene eine typisch fränkische Identität an. Noch mehr äußert sich diese in der Annahme des christlichen Glaubens. Die Gründung und Restaurierung von Kirchen und Klöstern, die Teilnahme eines normannischen Herzogs an Pilgerreisen ins Heilige Land und die Pflege der Beziehungen zur Kirche waren Anlass für eine ernsthafte Konversion vonseiten des normannischen Adels. Einige dänische Bräuche existieren jedoch auch noch, nachdem der christliche Glaube sich im Herzen der normannischen Aristokratie durchgesetzt hat. Die Anhänger Rollos halten tatsächlich an der Ehe nach dänischer Art (more danico) fest, also an der Polygamie. Auch die skandinavische Veranlagung zu kriegerischer Feindseligkeit erlischt nicht: Innerhalb des Herzogtums und auch außerhalb – in England und Süditalien – stellen die Normannen nach wie vor ihren Abenteuergeist und ihr Streben nach Eroberung unter Beweis.

Das anglonormannische England

- Der Widerstand eines sächsischen Königs
- Das norwegische Herrschaftsgebiet
- Das Reich des Nordens

- Die Normannen am Hofe
- Die normannische Herrschaft jenseits des Ärmelkanals
- Der letzte normannische König von England

In den angelsächsischen Chroniken findet ein Ereignis Nachhall, für das eine Serie von Plünderungen auf den britischen Inseln kennzeichnend ist. 793 wird Lindisfarne eingenommen. Schottland und Irland kommen in die Hände der Norweger. Zu Beginn des 9. Jh.s besetzen die Dänen Südengland. In Wessex leisten die Engländer unter der Führung Alfreds des Großen Widerstand. Zwei Jahrhunderte später gründen die Skandinavier ein großes Reich, das jedoch nur von kurzer Dauer ist. Der Engländer Eduard der Bekenner besteigt den Thron. Ihm folgt der Sachse Harald. Eine beeindruckende Flotte sticht jedoch unter dem Kommando Herzog Wilhelms des Bastards von der Normandie aus in See. 1066 entscheidet der Ausgang der Schlacht bei Hastings über das Schicksal Englands.

Das anglonormannische England

Der *Angelsächsischen Chronik* zufolge fand der erste skandinavische Angriff auf die britischen Inseln bei Portland in Dorset zwischen 786 und 794 statt. Es folgen weitere Angriffe, die sich durch einen erschütternd heftigen Zusammenstoß wie etwa im Fall von Lindisfarne auszeichnen. Selbst auf dem Kontinent haben diese Ereignisse einen gewissen Widerhall. So richtet sich Alkuin in seinen Briefen mit ermahnenden Aufrufen an die Mönche, Bischöfe, Fürsten und Herrscher Englands und des Festlands.

Es sind die Dänen, die das Leben und die Güter der Bewohner Südenglands bedrohen und ihnen hinterhältig auflauern. Aber für 40 Jahre lassen diese »ausgehungerten Wölfe«, wie sie im 12. Jh. der Mönch Simon von Durham beschreibt, ihre Schiffe nicht an der englischen Küste sehen. 835 beginnen an den Themsemündungen wieder die Streifzüge, und von der

Oben, Ruinen des Klosters von Lindisfarne.
Unten, Wikingerkrieger aus einem Stein geschlagen, der auf der Insel von Lindisfarne gefunden wurde. Die Angelsächsische Chronik berichtet, dass »die Plünderungen der Heiden die Kirche Gottes in Lindisfarne zerstörten, mit Verwüstungen und Gemetzeln«.

45

Unten, Helm aus Sutton Hoo, einer Gegend in Suffolk, wohl aus dem 6. Jh. und wahrscheinlich in Schweden geschmiedet.

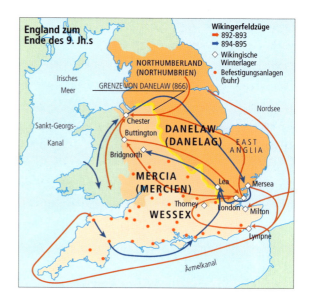

2. Hälfte des 9. Jh.s bis zur 1. Hälfte des 10. Jh.s zeichnen sich die dänischen Angriffe durch zwei neue Elemente aus, nämlich durch integrative Ansiedlung und Kolonisierung. Die Quellen nennen zwei Daten, welche den Zeitraum des dänischen Eindringens in das Reich von Wessex umschließen: 865 bis 954. Es wird auf ein »großes Heer« verwiesen unter der Führung von Ivar Knochenlos, Ubbe und Halfdan, Söhne von Ragnar Lodbrok. Ihre Absichten sind eindeutig: Ihr Ziel ist nicht mehr bloß die Plünderung, sondern die Territorialherrschaft. Die bewaffneten skandinavischen Truppen bestehen aus einigen 100 gut ausgebildeten und ausgerüsteten Kriegern. In rhetorischer Absicht neigen die Chroniken dazu, Ereignisse und die Feinde mit Konnotationen zu versehen, die von einer kollektiven Angst oder von der reli-

Das anglonormannische England

giösen Vorstellung von der göttlichen Strafe psychologisch beeinflusst sind.

Northumberland, Mercia (Mercien), East Anglia und Wessex sind die Regionen, in denen die Dänen in der Absicht kämpfen, sich dort niederzulassen, um das Land zu bestellen, und über die Engländer zu herrschen. Das umfassende Netz antiker römischer Straßen, das noch immer in gutem Zustand ist, erleichtert den Skandinaviern den Zugang zum angelsächsischen Territorium. Die Dänen bewegen sich zu Pferde fort, steigen aber vom Sattel, wenn sie kämpfen. York und London ergeben sich ihrer Belagerung.

Unten, zeitgenössische Miniatur mit einer Darstellung König Alfreds des Großen, wie er dem Tribunal vorsitzt und vom Rat der Krone bei der Justizverwaltung assistiert wird.

Der Widerstand eines sächsischen Königs

In Wessex haben die Skandinavier Schwierigkeiten, die Oberhand über die Engländer zu gewinnen. Die Quellen sprechen von einem heftigen Widerstand, der von Alfred dem Großen klug angeführt wird. Mit dem Ende des 9. Jh.s kümmert sich der König von Wessex um die Ausstattung eines Heeres, mit dem der Feind gebremst werden soll.

878 besiegt er die Dänen bei Edington und schließt einen Nichtangriffspakt mit Guthrum, der sich auf christlichen Namen taufen lässt. Gemeinsam mit ihm entscheidet er über die Demarkationslinien, die die Region Wessex von dem Gebiet in der Hand der Dänen trennen sollen. Alfred

Oben, der Schatz von Cuerdale, etwa von 905, gefunden beim Fluss Ribble in Lancashire, es handelt sich um den wertvollsten Wikingerschatz: Er wiegt 40 Kilogramm und enthält etwa 7500 Geldstücke. Rechts, Miniatur einer englischen religiösen Geschichte aus dem 11. Jh. über die Invasion Ivars des Knochenlosen in England im Jahre 866.

ordnet an, südlich der Themse eine Befestigungslinie zu errichten (*burhs*), und lässt eine Flotte von Schiffen ausrüsten, die größer sind als die skandinavischen Schiffe. Das Projekt muss jedoch zwangsläufig scheitern: Die englischen Schiffe erweisen sich im Gegensatz zu den gelenkigeren und schnelleren Booten der Wikinger als ungeeignet, den Fluss zu durchqueren. Der Krieg vollzieht sich in wechselnden Phasen. Die von König Alfred beherrschte Region wird gut verteidigt und erleidet keine größeren Gefahren. Der Rest Englands hingegen – die Region, die im Norden von der Themse begrenzt wird, und Ostengland – kommt unter skandinavische Herrschaft. Dieses dänische Gebiet erhält im 11. Jh. den Namen Danelaw.

Im 10. Jh. kehrt sich die Situation um. Eine Serie von Siegen der sächsischen Herrscher – unter ihnen zeichnen sich Eduard und seine Schwester Etelfleda aus – beschert den Engländern wieder die Gebietskontrolle über viele bewohnte Zentren wie Cambridge, Northampton, Leicester, Bedford und Huntington. In Wednesfield erleiden die Dänen im Jahre 910 eine schwere Niederlage, und die skandinavischen Kolonisten und Krieger sind gezwungen, die Autorität der sächsischen Fürsten anzuerkennen.

Das anglonormannische England

Das norwegische Herrschaftsgebiet

Von Dublin aus kommen allerdings überraschend die Norweger in das Gebiet und schlagen die Engländer in die Flucht. 920 jedoch kehren diese – nach wie vor unter dem Kommando der sächsischen Herrscher – kämpferi-

Unten, die Karte zeigt den starken linguistischen Einfluss der »Nordmänner« im Gebiet zwischen der Insel Man und East Anglia.

Der skandinavische Einfluss auf die englische Sprache

Die sprachliche Kolonialisierung Englands

Der dänische Einfluss in England ist in Danelaw, wo die skandinavische Einwanderung mit klaren kolonisatorischen Absichten dominiert, offensichtlich. Ortschaften mit dänischen Namen sind verbreitet – das Domesday Book *enthält davon fast 500 –, und von solchen beispielsweise, die mit dem Suffix -*by *enden, gibt es 800. Andere Dörfer, die von den Dänen besetzt wurden, enden mit dem Suffix -*thorp, *wie dies etwa im Yorkshire häufig der Fall ist. In der englischen Sprache hat der dänische Einfluss die Einführung einer beträchtlichen Zahl von Wörtern ausschließlich skandinavischen Ursprungs wie* happy, ugly, ill, law, fellow *und* call *hervorgebracht. Einige Adverbien und Präpositionen sind dänisch, etwa* hence *und* till. *Auch*

die englische Grammatik unterliegt einigen Veränderungen durch den skandinavischen Einfluss, so etwa hinsichtlich der Formen des Pronomens für die dritte Person Plural. Unter den Normannen verliert die englische Sprache allerdings eher an Prestige, als dass sie mit der normannischen verschmilzt, anders als im Falle des Gebrauchs der frankonormannischen und lateinischen Sprache. Die von der Südküste des Kontinents stammende Sprache bestimmt grammatikali-

Linguistischer Einfluss des Dänischen auf das Englische

Grenze zwischen den Reichen Alfreds des Großen und Guthruns

- 🔴 Städtenamen mit dem Suffix -*by*
- 🔵 Städtenamen mit dem Suffix -*thorp*
- 🟩 Hybride Städtenamen sächsischen Ursprungs mit dem Suffix -*tun*

sche und orthografische Regeln sowie solche zur Interpunktion. Aber auch das Pariser Französisch genießt eine gewisse Präferenz und verleiht der englischen Sprache Termini, welche etwa die Regierung, das Recht, die Kriegsführung und das Kirchenwesen betreffen.

49

Rechts, Wikingerkrieger, umgeben von seinen Waffen, geschlagen aus einem Stein, welcher aus Middleton im nördlichen Yorkshire stammt.

Unten, Archäologen bei der Arbeit auf der High Street von Dublin, in der irischen Hauptstadt wurden verschiedene, gut erhaltene Wikingerniederlassungen entdeckt.

scher als zuvor zurück. Gemeinsam mit den verbündeten Dänen schaffen sie es, die aus Irland kommenden Skandinavier zurückzudrängen. Unter dem Sachsen Ethelstan, einem Sohn Eduards, erfährt das englische Reich von 927 bis 939 eine Phase der Stabilität. Es umfasst die Territorien von Wessex, England, Mercia, Northumberland (Northumbrien), York, einen Teil von Cornwall sowie Danelaw (Danelag). Der Respekt der Dänen gegenüber diesem Herrscher ist solchermaßen, dass Harald Schönhaar ihm zu Ehren eine Gesandtschaft mit einem unschätzbaren Geschenk schickt: ein beeindruckendes Wikingerschiff, das auf beiden Seiten mit Goldschilden verziert ist. Die Norweger aus Dublin regierten in den ersten Jahrzehnten des 10. Jh.s eine Zeit lang in Northumberland und trugen durchaus auch zum Wohlstand bei. Archäologische Grabungen haben die Existenz einer beachtlichen Verkehrs- und Handelsverbindung zwischen Dublin und York zu Tage geför-

dert. Der Fund tausender Münzen anglodänischer Prägung sowie von Handwerksprodukten aus skandinavischer Herstellung bezeugt eine hohe Lebensqualität und einen gewissen Reichtum in England.

Unten, zeitgenössische Handschrift, die zwei legendäre Taten König Olaf Tryggvassons veranschaulicht: die Tötung eines Wildschweins und eines Meeresungeheuers.

Das Reich des Nordens

Ein Versuch der Skandinavier auf Initiative von Erik Blutaxt, die Macht in Northumberland zurückzuerlangen, scheitert 954 kläglich. Inzwischen halten die Engländer

gemeinsam die Herrschaft über die Regionen südlich der Themse aufrecht, zumindest bis zum letzten Jahrzehnt des 10. Jh.s, als die skandinavischen Beutezüge des Norwegerkönigs Olaf Tryggvasson und des Dänenkönigs Sven Gabelbart wieder beginnen. Diesmal hat der englische König Ethelred II. der Ratlose – in Anbetracht des neuen Einwanderungs- und Kolonisierungsantriebs aus Dänemark – nicht die Kapazitäten, der Begegnung Herr zu werden. Zu einem wirklichen Unterwerfungsinstrument der englischen Bevölkerung, das mit Kalkül und Methode von den Dänen angewendet wird, wird das *danegeld*, die sogenannte Dänensteuer. Hierbei handelt es sich um eine Steuer, die die Engländer dem Feind regelmäßig zahlen

Rechts, Miniatur aus dem Liber vitae *der Abtei von New Minster in Winchester (ca. 1020–1030) mit einer Darstellung Knuts, der durch einen Engel gekrönt wird, während er ein goldenes Kreuz auf den Altar stellt, links ist Königin Aegilfu zu sehen.*
Unten, Münze aus jener Zeit mit einer Darstellung Knuts.

mussten, um Blutvergießen zu vermeiden. 1002 ordnet der englische Herrscher an, an sämtlichen Dänen, die ihren Fuß auf England gesetzt haben, einen Massenmord zu verüben. Das Massaker, bei dem auch die Schwester Sven Gabelbarts stirbt, hat lediglich zur Folge, dass die skandinavischen Beutezüge wieder regelmäßiger werden. Diese haben vor allem den Charakter von Repressalien und reichen bis zu einer Zahlung von 36 000 Silberunzen, um England den Frieden zu garantieren.

Die Dänen kehren 1009 mit Thorkell dem Langen an der Spitze eines Heeres zurück, das Südengland in Schutt und Asche legt. Thorkell akzeptiert die Summe von 48 000 Silberunzen und stellt die Plünderungen ein. Die Zeit ist jedoch reif dafür, dass England 1013 als unabhängiges Reich der dänischen Monarchie untergeordnet wird.

Knut der Große ernennt sich 1027 während der Krönungszeremonie Kaiser Konrads II. in Rom vor dem Papst zum »König von ganz England, Dänemark, Norwegen und Teilen Schwedens«. Konrads Sohn, der spätere Heinrich III., heiratet 1036 Gunhild, die Erstgeborene Knuts. Das Prestige der anglodänischen Krone wird auf dem ganzen Kontinent anerkannt, dauert jedoch weniger als 20 Jahre, von 1016 bis 1035, dem Todesjahr Knuts des Großen.

Das anglonormannische England

Die Normannen am Hofe

Eduard der Bekenner, Sohn Ethelreds des Ratlosen und der Normannin Emma, erhält 1042 die Nachricht, zum König von England auserwählt worden zu sein. Dieses Jahr ist durch das frühzeitige Ableben der Söhne Knuts des Großen gekennzeichnet. Die Mutter Emma hatte ihren Sohn zuvor für über 20 Jahre zum Studium an den Hof Herzog Richards II. in die Normandie geschickt. Die Tatsache, dass Emma als Witwe Ethelreds Knut den Großen heiratet, erleichtert die Vergabe der englischen Krone an Eduard. Während seiner Regierung befindet sich England in einer Phase der Stabilität, aber der englische Adel mag es nicht, dass ihr König – ein frommer Mann, der die Errichtung von Westminster Abbey finanziert – sich nur mit Ausländern umgibt,

Unten, Rekonstruktion einer angelsächsischen Siedlung in der Nähe von West Stow in Suffolk.

die aus der Normandie kommen. Da er keine Kinder hat, was einer langen Krisenzeit mit dem englischen Adel geschuldet ist, bestimmt der Herrscher den normannischen Herzog Wilhelm »den Bastard« (später Herzog der Normandie und nach der Schlacht von Hastings »der Eroberer«) zum Thronfolger. Ein Versprechen, das sich jedoch nicht realisiert, weil es dann Harald, der Schwager Eduards, ist, der den Thron besteigt. Dies geschieht auf Einladung des Königs selbst in seiner Todesstunde (5. Januar 1066) und mit der vollen Zustimmung der angelsächsischen Aristokratie. Aufgrund dieses nicht eingehaltenen Versprechens stellt Wilhelm 1066 ein starkes Heer zusammen, bewaffnet eine mächtige Flotte und nimmt die Route Richtung England. Die militärische Expedition be-

Unten, Reiterstatue Wilhelms des Eroberers (Bayeux, Musée de la Tapisserie).

reichert sich noch um eine religiöse Dimension fast im Sinne eines Kreuzzugs, als Alexander II. dem Unterfangen seinen Segen erteilt, indem er Wilhelm ein gesegnetes Banner schenkt, die Standarte des Heiligen Petrus. Die Wahl Haralds, des Sohns von Godwin, dem Grafen von Wessex zum König wird befürwortet und einstimmig vom *Witenagemot*, dem Rat des Königs – jenem Organ, das die

Der Eroberer aus England

Wilhelm aus der Normandie

Wilhelm, geboren 1027 oder 1028, ist nach Rollo der sechste Herzog der Normandie. Er ist der uneheliche Sohn Roberts I., Herzog von der Normandie, der sich more danico (nach dänischer Sitte) mit Arlette (Herleva) vereint hat, die von einem Ledergerber abstammte. Die Jugend Wilhelms wird überschattet vom politischen Mord an fast allen seinen Vormündern. Er selbst kann sich vor dem Dolch der Mörder schützen, indem er sich in den Bauernhütten versteckt – wie die Quellen erzählen – und indem er zu Pferde von einem Ort zum nächsten in der Normandie flüchtet. Die Situation in der Normandie ist die eines weitverbreiteten

Zustands interner Konflikte zwischen den Adelsfamilien. Die Inbesitznahme des Herzogtums ist unter den normannischen Aristokraten umstritten, welche Wilhelm wegen seiner Unehelichkeit für unwürdig halten. So erklärt sich auch sein Beiname »der Bastard«. Unter Missachtung der Regeln, die vom Herzog aufgestellt wurden, statten die adligen

Normannen, die seine Autorität nicht anerkennen, das Land mit Befestigungsanlagen aus, den typischen motte castrensi (Herrenburgen oder Wohntürmen im Mauerring einer Burg auf einem künstlichen Hügel), zu deren Errichtung nur der Herzog das Recht hatte. Um der ständigen Wiederholung privater Kriege Einhalt zu gebieten, greift die Kirche ein, indem sie den »Gottesfrieden« erlässt. So werden die militärischen Operationen von Mittwochabend bis Montagmorgen sowie zu weiteren Zeiten im Jahr verboten. Nur Wilhelm und dem König von Frankreich wird eine Ausnahme zugestanden. Mit dem 1047 in der Schlacht von Val-ès-Dunes bei Caen errunge-

Das anglonormannische England

mächtigsten Adelsfamilien der Insel versammelt – bestätigt. Eine normannische Chronik berichtet, dass Harald vor Wilhelm geschworen habe, ihn in seiner Initiative, sich der englischen Krone zu bemächtigen, zu unterstützen. Die Tatsache, dass es dann der Sachse ist, der gekrönt wird, wird als Affront gegen den normannischen Herzog angesehen. Harald sühnt für sein Verhalten am 14. Okto-

Unten, Ausschnitt aus dem Teppich von Bayeux mit Wilhelm dem Eroberer, dem dritten Reiter von links am Kopfe der Truppen, kurz vor der Schlacht von Hastings (Bayeux, Centre Guillaume la Conquérant).

nen Sieg kann sich Wilhelm den Titel des Herzogs der Normandie erobern. Neben dem »Gottesfrieden« wird vom Herzog und Sieger eine andere Strategie verfolgt, die Auseinandersetzungen zu beenden: Er schickt die rebellischen Feudalherren ins Exil nach Italien, in die Länder Osteuropas, nach England oder nach Irland. Die Ehe mit Mathilde, der Tochter des Grafen von Flandern, einem alten Feind der Normannen, im Jahr 1050 wird von Papst Leo IX. – der bereits mit der Anwesenheit der Nor-

mannen in Italien konfrontiert wird – nicht willkommen geheißen. Sie erfolgt nämlich zwischen Blutsverwandten, da Mathilde mit der Familie Rollos verwandt ist. Erst 1059 erkennt Papst Nikolaus II. die Vereinigung an und schwächt den Kontakt mit den Normannen ab. 1051 erscheint ein anderer Feind an der Grenze der Normandie: Gaufredus Martellus, Graf von Anjou. Der militärische Wert und die taktischen Fähigkeiten Wilhelms übertreffen jede andere Bedrohung. Man erzählt, dass der norman-

nische Herzog, um die Rebellionsansätze zu verstärken, seine Feinde zu verstümmeln versucht. Wenige Jahre später jedoch bedrohen der König von Frankreich, Heinrich I., und der adlige Normanne Wilhelm, Graf von Arques, die Autorität Herzog Wilhelms des Bastards. Auch dieses Mal schafft es dieser, als der Stärkere hervorzugehen, indem er die Überlegenheit seiner militärischen Fähigkeiten demonstriert. 1060 dehnt Wilhelm seine Macht auf den Main aus, aber es ist der Sieg in der Schlacht von Hastings, der ihn für die Geschichte als den Eroberer Englands unsterblich macht.

Rechts, Nachzeichnung einiger normannischer Flaggen auf der Grundlage derer, die auf den Teppich von Bayeux gestickt sind. Unten, zeitgenössische Nachstellung der Schlacht von Hastings am gleichnamigen Ort.

ber 1066, als er am Ende der Schlacht von Hastings auf dem Feld fällt. Diese hat eine entschiedene Wendung der Situation von England zur Folge. Die Episode ist auf dem berühmten Teppich von Bayeux dargestellt. Das Werk wurde vom Bischof von

Der Zusammenbruch des sächsischen Reichs Haralds

Die Schlacht bei Hastings

Im Morgengrauen des 14. Oktobers 1066 nähert sich die normannische Kavallerie von Hastings kommend. An der Spitze reiten Wilhelm und der Bischof von Bayeux. Ein Reiter informiert den Herzog über die Bewegungen des sächsischen Heers. Gleichzeitig sieht eine sächsische Wache die Normannen näher kommen und eilt, um Harald zu benachrichtigen, der mit seinem Heer auf dem Kamm der Hügel von Senlac Front macht. Die Engländer sind in Defensivstellung, im Quadrat angeordnet. Wilhelm befindet sich noch im Gespräch, als seine Reiter bereits gegen den Feind ziehen, ihnen voraus zu Fuß die Bogenschützen. Begünstigt von der Stellung bleiben die Angegriffenen standhaft. Ihre gefürchteten Kriegsäxte wirken Wunder. Die beiden Brüder Haralds fallen. Einer von ihnen hatte ihn vergeblich zu überzeugen versucht, sich gemäß seinem Wilhelm geleisteten Schwur aus dem Kampf herauszuhalten. Auf beiden Seiten gibt es viele Tote, aber es sind die Normannen, die sich wegen einer sumpfigen Schlucht in Schwierigkeiten befinden. Viele Reiter, die aus dem Sattel stürzen, sterben unter ihren Pferden. An diesem Punkt der Schlacht – was der Teppich von Bayeux jedoch nicht wiedergibt – greift Wilhelm, um die Sachsen aus ihrer Stellung herauszulocken, zu einer List. Er gibt den Be-

Das anglonormannische England

Bayeux, Odo, dem Stiefbruder Wilhelms, bei der englischen Belegschaft von Canterbury in Auftrag gegeben. 1077 wurde der Teppich gesegnet und nach einer Restaurierung in der Kathedrale von Bayeux aufgestellt.

Die normannische Herrschaft jenseits des Ärmelkanals
Harald wehrt zunächst den Versuch einer norwegischen Invasion bei Stamford Bridge am 25. September 1066 ab,

Unten, die einzelnen Phasen der Schlacht von Hastings: Beginn (9 Uhr), der strategische Rückzug von Wilhelms Heer (ca. 12 Uhr), der finale Angriff der Normannen und der Tod König Haralds (16 Uhr).

---

fehl zum Rückzug. Die Sachsen denken, sie hätten gesiegt, und nehmen die Verfolgung auf. Plötzlich befiehlt der Herzog die Kehrtwendung und den Gegenangriff. Für die Sachsen ist dies das Ende. Der Teppich beschränkt sich darauf zu zeigen, dass die Sachsen zu wenige sind, um die Hügel von Senlac zu halten, und gibt ein weiteres Mal dem Bischof von Bayeux die Rolle, die *pueri*, die normannischen »Jungs«, zu ermutigen. Indirekt spielt er auf die Episode des vermeintlichen Todes Wilhelms an, indem er einen Knappen zeigt, der mit dem Finger auf ihn deutet. Wilhem hat in der Zwischenzeit, um sich zu erkennen zu geben, den Teil des Helms, der die Nase schützt, abgelegt. Hic est dux Wilhelmus (»Hier ist der Herzog Wilhelm«): Wilhelm ist am Leben. Sterben muss hingegen Harald, von einem Pfeil ins Auge getroffen. Der Teppich stellt ihn dar, wie er sich gerade das Todesgeschoss aus dem Auge zieht. Et fuga verterunt Angli (»Und die Engländer ergriffen die Flucht«). Was uns betrifft, endet der Tag von Hastings hier.

aus: Araldi, G., »Una storia ricamata«, in: I Normanni. Conquiste e regni nell'Europa medievale, hg. von Paolo Delogu, Storia e Dossier Nr. 24, Florenz 1988.

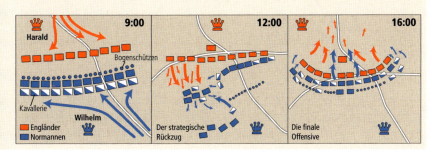

Unten, flämische Miniatur aus dem 15. Jh. mit einer Darstellung der Krönung Wilhelms des Eroberers in Westminster Abbey am 25. Dezember 1066. Gegenüberliegende Seite, zwei Ausschnitte aus dem Teppich von Bayeux; oben, die Normannen, wie sie gen England segeln; unten, auf dem Marsch Richtung Schlachtfeld (Bayeux, Centre Guillaume le Conquérant).

wird dann jedoch bei Hastings getötet. Seine Soldaten, zahlenmäßig knapp unterlegen, jedoch erschöpft von den vorausgegangenen militärischen Anstrengungen und von dem Marsch vom Norden in den Süden der Insel, sind nicht in der Lage, den frischen Kräften Wilhelms angemessen zu begegnen. Die Schlacht erlangt eine hohe politische Bedeutung für England und für die Normandie. Am Weihnachtstag desselben Jahres lässt sich Wilhelm in Westminster Abbey zum König von England krönen. Drei Jahre später versuchen die Engländer gemeinsam mit vielen Norwegern, Wilhelm den Bekenner zu stürzen, indem sie nach York marschieren. Der Sieg ist den Engländern und den mit ihnen verbündeten Skandinaviern zum Greifen nahe, aber die normannischen Truppen legen weite Teile des Yorkshire in Schutt und Asche. Sie zwingen die Einwohner zur Flucht und zum Verzicht darauf, sich gegen die Autorität des neuen Herrschers aufzulehnen. Die »Politik der verbrannten Erde« erreicht in den anderen Gebieten Englands den gewollten Effekt: Die Einwohner vermeiden es, die Invasionen der Dänen und Norweger zu unterstützen, weil ihnen sonst eine erbarmungslose Reaktion der Normannen droht. Nachdem er sich der Insel bemächtigt hat, trifft Wilhelm eine Reihe von Vorkehrungen, die England an den Kontinent binden. Die neue politische und militärische Struktur, die Wilhelm einleitet und nach England bringt, bildet sich nach denselben Kriterien aus, die bereits in der Normandie gegenüber dem Feudalsystem zum Einsatz gebracht wurden. Es ist das Gebietseigentum (*manor* oder *tenure*), das das vom normannischen Herrscher

Das anglonormannische England

Das Heldenepos der normannischen Eroberung in einer außergewöhnlichen Stickerei

Der Teppich von Bayeux

Länge: 70 m; Höhe: 50 cm. 626 Personen, 202 Pferde oder Maultiere, 55 Hunde, 505 Tiere jeder Gattung, 37 Gebäude, 41 Schiffe oder Boote, 49 Bäume; insgesamt 1 515 Figuren. Auf dem Teppich von Bayeux umfasst die erzählte Geschichte die vorausgegangene Diplomatie, die vorbereitende Logistik und den siegreichen Ausgang der Expedition bei Hastings, infolgedessen Wilhelm England erobert. Wilhelm wird noch in demselben Jahr, am 25. Dezember 1066, in Westminster zum König gekrönt. Aber diese Schlussszene fehlt auf dem Teppich, wie er uns heute vorliegt. So kann man auch nicht mit Gewissheit sagen, dass die Erzählung ursprünglich bis dorthin reichte. Einmal im Jahr, im Juli, wird der Teppich, der an den Pilastern des Kirchenschiffs angebracht ist, für 15 Tage von Bischof Odo, dem Stiefbruder Wilhelms, des Helden des Unternehmens, in der Kathedrale von Bayeux als Parament genutzt. Ein Konzil autorisiert einige Jahrzehnte zuvor zu dem Gebrauch von bebilderten Paramenten für die Erbauung der Gläubigen und rät sogar dazu. In diesem Fall ist die Aussage mehr politischer als religiöser Natur. Der besondere Zuschnitt jedoch, bedingt durch die Tatsache, dass das gesamte Ereignis geschildert wird, zeigt Motive, über die es sich zu reflektieren lohnt. Wenn Herzog Wilhelm sich für dieses gigantische Unterfangen entschieden hat, dann nur deshalb, weil der Sachse Harald, Sohn Godwins, dem geleisteten Schwur nicht treu geblieben ist. Der Teppich von Bayeux besteht aus acht Leinenstücken von grauer Farbe, die miteinander vernäht und in acht verschiedenen Farben bestickt sind. Bei der Stickerei wurden vornehmlich zwei Stichtechniken verwendet: der »Stielstich« und der »Klosterstich«.

Die normannische Kriegsausrüstung

Die Waffen der Eroberung

Von dem Moment an, als der Teppich von Bayeux das erste Mal reproduziert und in den Monuments de la monarchie française (1730) veröffentlicht worden ist, wird er als Primärquelle für das Studium der Rüstungen angesehen, die in der 2. Hälfte des 11. und zu Beginn des 12. Jahrhunderts in Nordwesteuropa in Gebrauch waren. [...] Der Teppich, der 200 bewaffnete Männer darstellt, von denen 79 komplette Rüstungen tragen, enthält wertvolle Informationen über jene Jahrhunderte, über die es an anderen Zeugnissen weitgehend fehlt. Über eine umfangreiche Darstellung der Typologie der Angriffs- und Verteidigungswaffen hinaus, die von den Normannen und von den Angelsachsen verwendet wurden, macht der Teppich die Innovationen in der Taktik, insbesondere hinsichtlich der Kavallerie, deutlich. [...] Das 11. Jahrhundert erlebt tatsächlich den letzten Moment eines langsamen Transformationsprozesses, insbesondere was die Kavallerie betrifft. Dieser ist der teilweisen Annahme der in Zentralasien nach und nach vordringenden Erfindungen im europäischen Westen geschuldet. Die Eisenbeschläge der Pferde, die Perfektionierung des Geschirrs (Brustriemen, Un-

terbauchriemen, Sattel), die Einführung von Steigbügeln, die dem Reiter einen Stützpunkt gewähren, dessen er vorher entbehrte – als er das Pferd lediglich mit Kandare und Sporen führen konnte –, sind alles Tricks, die dem Krieger das Gleichgewicht sichern und ihm eine größere Bewegungsfreiheit im Umgang mit den Waffen zuge-

stehen. Die Verteidigungsausrüstung des Reiters besteht hauptsächlich aus dem Kettenpanzer – eine flexible Tunika aus einem Stück, mit kurzem Saum oder mit Stiefelschäften aus Eisenmaschen ausgestattet und mit weiten Ärmeln, welche die Unterarme freilassen. [...] Die übliche Ergänzung war eine Kapuze – ebenfalls aus Eisenmaschen –, die in einigen Fällen den einzigen Schutz darstellte, aber auch noch von einem kegelförmigen Helm bedeckt sein konnte. Dieser wird aus dem Zusammenschluss von vier Teilen aus Metall oder Leder gebildet, die vom unteren Rand ausgehen und sich an der Spitze vereinen. [...] Der normannische Helm ist ferner mit einem Nasenschutz ausgestattet, der von der Stirn bis zur Nase hinunter verläuft. Die Verteidigungs-

Das anglonormannische England

ausrüstung wurde durch den Schild »in Mandelform« vervollständigt, der im oberen Bereich rund war und dessen Seiten zur Spitze hin zusammen liefen. [...] Was die Angriffswaffen betrifft, war die Waffe des Reiters schlechthin das Schwert, dessen gekonnte Verarbeitungstechnik ihm Robustheit und Elastizität verliehen. [...] Die anglonormannischen Heere verwendeten einen breiten, einschneidigen Schwerttyp von 100 cm Länge, mit einem einfachen, kreuzförmigen Griff und rundem Knauf. Unverzichtbar für die Reiterausrüstung war ferner die Lanze. Diese bestand aus einer flexiblen Holzstange, die in Länge und Dicke variieren konnte, und aus einer Klinge, die verschiedene Formen haben konnte (Lorbeerblattform oder spitz zulaufend) und oft am Ende mit einer Banderole als heraldischem Symbol und Wiedererkennungszeichen, verziert war. [...] Die normannische Kavallerie – die auf dem Teppich von Bayeux dargestellt ist – bezeugt hingegen ein Übergangsstadium. Ihr war tatsächlich einerseits die traditionelle Taktik bekannt, die darin bestand, vorzurücken und dabei die Lanze wie einen Wurfspieß zu schleudern oder mit erhobenem Arm von oben nach unten zu werfen und sich dann zurückzuziehen, um wieder eine einheitliche Truppe zu bilden. Andererseits nahm sie aber auch die neue Technik auf, die Lanze zur Stabilisierung der Waffe unter die Achsel zu klemmen, während die Spitze mit der rechten Hand gelenkt und in der Linken der Schild gehalten wird. Der aus der Kombination von Reiter und Reittier resultierende Kraftstoß ging für die Feindeslinien tödlich aus und konnte im Einzelkampf demjenigen zum Verhängnis werden, der den Sturz des Gegners aus dem Sattel provozierte [...].

aus: Amore, O., »Le armi della conquista«, in: *I Normanni. Conquiste e regni nell'Europa medievale*, hg. von Paolo Delogu, Storia e Dossier Nr. 24, Florenz 1988.

*Links oben, normannischer Schild und Helm aus dem 11. Jh.
Unten, die Attacke der Normannen bei Hastings in einem Ausschnitt aus dem Teppich von Bayeux (Bayeux, Centre Guillaume le Conquérant).*

Unten, zwei weitere Miniaturen aus einer religiösen Geschichte aus dem 11. Jh. über die Invasion Ivars des Knochenlosen in England im Jahr 866.

gewünschte Vasallensystem zu etwas Besonderem macht. Wilhelm verspricht den Engländern jedoch, das existierende Rechtssystem zu respektieren. Infolgedessen werden die sächsischen Rechtstraditionen, die alten Gesetze Englands, beibehalten. Die Einrichtung des Feudalsystems sieht vor, dass alle Vasallen dem König Treue schwören müssen. Als Gegenleistung genießen sie die Möglichkeit, Land zu gewinnen, auf dem sie ihre eigene Herrschaft ausüben können. Zu Lasten der Engländer, denen das Land genommen wird, geht dies ins Eigentum der normannischen Ritter über, die bei Hastings gekämpft haben. Lediglich acht Prozent der konfiszierten Landgüter bleiben im Besitz des angelsächsischen Adels. Auch die englische Kirche hat nach dem Willen des Königs an ihrer Spitze normannische Bischöfe und Äbte, welche die sächsischen ersetzen. Wilhelm setzt den Abt Lanfranco von Pavia als Erzbischof von Canterbury ein, einen bekannten Gesetzgeber, der sich in der Normandie niedergelassen hat. Er übt sein neues Amt des Pastors mit Geschick aus, kann kirchenpolitischen Probleme, die nach dem Ausgang der Schlacht von Hastings entstanden sind, klären. Dem Erzbischof von Canterbury gebührt auch die Ehre, während der Abwesenheit des Oberen die Insel an dessen Stelle zu regieren.

1070 ist auf Ermächtigung des Königs ein kirchlicher Reformprozess im Gange, welcher darauf abzielt, die Lockerung der kirchlichen Bräuche zu verhindern. Die Simonie wird verdammt und die Öffnung der Kirchenämter für

Das anglonormannische England

diejenigen zurückgedrängt, die ein zügelloses Leben führen und nicht in Keuschheit leben. Von nun an ist es den Klerikern verboten zu heiraten und mit Konkubinen zu verkehren. Zu Ehren der Schlacht von 1066 wird bei

Unten, sächsische Krieger bei Hastings in einer Rekonstruktion der Schlacht aus heutiger Zeit.

Fallen und Hinterhalte gegen die Eindringlinge

Der angelsächsische Widerstand

Die verhassten Normannen geraten auf englischem Boden in Hinterhalte. In den Wäldern findet man Leichname von Normannen, die von englischer Hand mit dem Dolch durchstoßen oder von Pfeil oder Schwert durchbohrt wurden. Die von Wilhelm dem Eroberer ergriffene Gegenmaßnahme ist die Verstümmelung desjenigen, der sich mit dem Verbrechen der Tötung eines Normannen befleckt hat. Der Anblick eines Krüppels oder eines Hinkenden soll den anderen eine Mahnung sein. Der Widerstand der Engländer gegen den Eindringling bedient sich legendärer Gestalten, adliger sächsischer Rebellen, welche sich gegen die Herrschaft der Normannen aufbäumen und den Bauern und dem Volk das zurückgeben, was die Normannen ihnen durch Diebstahl, Missbrauch oder Gewaltakte weggenommen haben. Die Chronik Gesta Herewardi (»Die Heldentaten Herewards«) rühmt die Verdienste eines gewissen Hereward, eines adligen Engländers, der Symbol des angelsächsischen Widerstands gegen die normannische usurpatorische Herrschaft ist: ein Geächteter, der das Kommando über eine Gruppe von Anhängern führt und den aristokratischen Normannen Fallen stellt. In den Quellen heißt es: »Wenn es noch vier weitere wie ihn in England gegeben hätte, hätte Wilhelm nicht gesiegt.« Andere Figuren bevölkern die Chroniken und Legenden jener Zeit: Brumannus, Edric Sylvaticus (»Der wilde Eric«), Gerald de Barri (Gerald von Wales), Fulk Fitzwarren (Fitz-Warin) und Eustach der Mönch sind alle geächtete Engländer – vielleicht eine Schöpfung der Volksfantasie –, die in den Wäldern Zuflucht suchen und das Leben der herrschenden Normannen durcheinanderbringen.

Rechts, Westminster Abbey in London, errichtet auf den Fundamenten einer sächsischen Kirche aus dem 7. Jh.
Unten, die Burg von Chepstow in Monmouthshire (südöstliches Wales), von den Normannen als Ausgangspunkt für ihre Angriffe gegen den örtlichen Widerstand errichtet.

Hastings eine Abtei errichtet. Viele weitere werden in ganz England gebaut. Während ihres Lebens in Gemeinschaft transkribieren und kopieren die Mönche Bibeln und andere heilige Manuskripte, wahrhaftige Kunstwerke. Sie erziehen die Jugend und unterweisen die zukünftigen Beamten in die Regeln des königlichen Hofes. Sie unterstützen die Armen und Kranken. Den Mönchen werden generöse Geschenke von den anglonormannischen Adelsfamilien gespendet. Die Richtlinien Wilhelms sehen vor, dass die normannischen Adligen sich an die Verpflichtung halten müssen, 40 Tage im Jahr Militärdienst im königlichen Heer zu leisten. Die Ritter müssen ferner den *servitium debitum* garantieren: Jedes Jahr ist die Aufnahme fester Militärgarnisonen ins königliche Heer vorgesehen, die pünktlich von den großen Vasallen bereitgestellt werden. Indem das anglonormannische Heer so seine Truppen mit 4000–5000 Rittern anreichert, wird es zum größten und stärksten Heer des Westens. Wilhelm lässt zahlreiche Befestigungsanlagen erbauen, um die Stabilität seines Reichs zu garantieren, das mehrmals von den Engländern bedroht wurde. So lässt er auch den berühmten Londoner Tower errichten. Die Aristokraten aus dem Norden der Insel versuchen, seiner Macht et-

Das anglonormannische England

was entgegenzusetzen, aber die Reaktion des normannischen Heeres ist derart, dass in den angelsächsischen Chroniken berichtet wird:

> *Nachdem sein Heer vorbeimarschiert ist, ist kein Mensch mehr am Leben, kein Gebäude von York und Durham stehen geblieben.*

Unten, der Tower von London, den Wilhelm um 1078 am Ufer der Themse in London errichten ließ, das Gebäude war gleichzeitig Festung, Palast und Regierungssitz.

Im Kastell von Winchester hat die zentrale Regierung ihren Sitz. Von dort aus begründet und koordiniert Wilhelm mittels einer Gruppe von Beamten, die die Aufgaben der Polizei, der Justizverwaltung und der Steuereintreibung ausüben, die Kontrolle über das Gebiet – unterteilt in Grafschaften und in viele Gebietseinheiten wie etwa die *hundreds* oder die *wapentakes*. Die Steuern erschöpfen die Ressourcen des englischen Reichs fast über die Maßen und werden im gesamten Gebiet erhoben, um die Herrschaft im Herzogtum der Normandie aufrechterhalten zu können. Diese wird wiederholt von Rebellionen lokaler Barone und benachbarter Herrscher bedroht, allen voran durch den König von Frankreich. 1086 bestimmt die königliche Administration die Erstellung eines detaillierten Berichtes über alle existierenden Güter von England. Der gesamte Rechenschaftsbericht ist eingegliedert in das *Domesday Book*, ein Dokument, das die minutiösesten Informationen zum Staat und zur Verfassung des Reichs enthält.

Unten, Marmorbrunnen aus dem 12. Jh., der sich in der Kathedrale von Winchester befindet.
Unten, die Eigentumsverhältnisse in Herefordshire auf einer Seite aus dem Domesday Book, *dem ältesten englischen Grundbuch.*

© Corbis / Contrasto

Es handelt sich um eine umfangreiche Untersuchung zum Vermögen des Reichs, welcher »nicht ein einziger Ochse, eine einzige Kuh, ein einziges Schwein« entgeht. Die Bevölkerung von England erreicht Zahlen um die zwei Millionen Einwohner. Die beiden größten Städte, London und York, haben mehr als 10 000 Einwohner. Der Handel floriert dank der Gewinne, die aus einer auf dem Silberpenny basierenden Währung erzielt werden. Die Arbeit der Rahmenschneider ist gefragt, die Kunst, die neue romanische Architektur, das Handwerk und die Kultur genießen wegen des Interesses der Kirche eine Phase des Aufschwungs. Die Schule von Winchester ist in der Illustration von Handschriften sehr renommiert.

Die erste Versuchsreihe einer Katasterneuordnung

Das *Domesday Book* und das *manor*

Die juristisch-steuerlich-feudale Untersuchung, die von Wilhelm dem Eroberer im Jahre 1085 veranlasst wurde, wird Domesday Book genannt (»Buch des Tages des Jüngsten Gerichts«). Ein solcher Titel ist bemerkenswert für ein Grundbuch: Es dient dazu, alle Probleme zu lösen, die die Zuweisung von Landbesitz betreffen, denn tatsächlich bringen Usurpationen, Willkür, Missbrauch und Diebstähle die interne Ordnung unter den Landherren, den freien Männern, den Mönchen und Geistlichen durcheinander. Die normannischen Kommissare, die in jeder Grafschaft ermitteln, ordnen jedes Landgut unter die Rubrik des manor ein, womit eine Länderei mit einem Haus und einer Befestigung darauf bezeichnet

Das anglonormannische England

Einmal eingeführt wird das *danegeld* zum Motiv größter Unzufriedenheit in der Bevölkerung. Die Engländer sind nicht nur geschunden von den übertriebenen Tributen, die dazu dienen, das normannische Heer und das Verteidigungssystem zu unterhalten, sondern werden auch noch Opfer von Missbräuchen. Diese erfolgen vor allem vonseiten der Sheriffs, die in den einzelnen Grafschaften ohne Wissen des Königs willkürlich handeln. Es handelt sich bei ihnen um spezielle Beamte, die neben dem Eintreiben der Steuern die Aufgabe haben, dem Gericht der Grafschaft vorzusitzen, ohne dass die Kirche ein Mitspracherecht hat. Die Bischöfe haben tatsächlich eigene Gerichtshöfe. Diese Gewaltenteilung

Oben, die Burg von Wiston, im Pembrokeshire (südliches Wales) gelegen. König Heinrich I. trieb die Kolonisation von Wales voran. Die Burg von Wiston wurde von einer Gemeinschaft flämischer Siedler um 1112 erbaut.

---

wird. Der Hauptteil des Landguts ist der dominicus, *der Sitz des Hauses des Landherrn, auf dem der* castaldo *(der Verwalter eines Gebiets im Namen des Königs), die* balivi *(Verwaltungsfunktionäre) und der* reeve *(Vertreter des Gebietsherrn) die landwirtschaftlichen Tätigkeiten und die Verwaltung lenken. Der übrige Teil ist die Gesamtheit der abhängigen Gebiete, die von freien und halbfreien Bauern* (liberi homines, sokemen, villeins, cottars) *bestellt werden, denen Mühlen und Schmiedeöfen gegeben wurden, und die auch in einer Dorfgemeinschaft leben. Die Gemeinschaft eines solchen Dorfes kann sich – dank des Aufkommens von Handels- und Handwerksaktivitäten – zu einem* borough, *einer Ortschaft, entwickeln. Es fehlt ferner nicht an Sklaven, die nach und nach von* bavarii *und* bordarii *ersetzt werden. Ihre Sklaveneigenschaft bleibt bestehen, ist jedoch weniger auffällig, da sie Pflüge besitzen. Zudem streben die normannischen Lehnsherren danach, die sozialen Bedingungen der von ihnen Abhängigen anzuheben bis hin zur Aufhebung der Sklaverei aus wirtschaftlichen Gründen, zumindest auf dem Papier.*

67

Rechts, Ausschnitt aus dem Porträt Heinrichs I. von George Vertue (1684–1756). Unten, Lithografie aus dem 19. Jh. mit einer Darstellung Ludwigs VI. von Frankreich.

begünstigt die Entwicklung des *common law* (des ungeschriebenen Rechts, dessen Geltung, wie es der angelsächsische Brauch vorsieht, aus dem Gewohnheitsrecht hervorgeht), während die englische Kirche dazu tendiert, sich

überwiegend an Rom anzubinden, also an den Papst. Die Verwaltung der Justiz wird hingegen auf lokaler Ebene, wie es in den einzelnen *manors* der Fall sein kann, direkt von demjenigen ausgeübt, der die Regierung innehat. Dies hat den Zweck, die Interessen des eigenen Feudalbesitzes zu schützen. Die Interessen der Grafen stimmen nicht immer mit den antiken Gesetzen Englands überein, die Wilhelm zu respektieren versprochen hatte.

Der letzte normannische König von England

Mit dem Tod Wilhelms 1087 wird die Normandie von seinem Erstgeborenen Robert II. Kurzhose regiert, England hingegen von seinem zweiten Sohn Wilhelm dem

Roten. Letzterer entpuppt sich als ein Herrscher von despotischem Temperament, das sich bisweilen sogar gegen die Kirche richtet. Er verliert jedoch bei einem – wahrscheinlich von seinem Bruder provozierten – Jagdunfall sein Leben. So besteigt

68

Das anglonormannische England

Heinrich I. Beauclerc den Thron, der den Plan verfolgt, die Normandie und England zu einem Reich zu vereinen. Am 26. September 1106 wird das normannische Heer Roberts – das auch dessen Anspruch auf den Thron unterstützt – in der Gegend von Tinchebray von den Kräften Heinrichs vernichtend geschlagen. Trotz der vergeblichen

Links, das Grab Roberts Kurzhose aus dem 14. Jh. in der Kathedrale von Gloucester.
Unten, die normannische Kirche St. Mary in Iffley im Oxfordshire.

Versuche eines Neffen Roberts, welcher vom französischen König Ludwig VI. unterstützt wird, ihn daran zu hindern, wird Heinrich nun auch noch Herr der Normandie. Unter Heinrich schwindet die Unterscheidung zwischen Sachsen und Normannen allmählich, bis man sie gar nicht mehr auseinanderhalten kann. Die königliche Regierung erhält eine vielleicht modernere Form – jene des starken Staates – und nimmt bewusster eine öffentliche Physiognomie an. Das Feudalsystem, das von seiner Natur her eine Aufteilung der herrschaftlichen Macht mit sich bringt, verliert mit der Wiederbestätigung der öffentlichen Macht seine Wirksamkeit. Die feudal geprägten Verhältnisse bestehen hingegen fort, wenn auch die Übertragung von öffentlichen Ämtern auf die Nachkommen nach feudalem System nicht mehr möglich ist. Wandernde Beamte kontrollieren die Handlungen der Sheriffs, sodass

69

Rechts, Siegel Heinrichs II. aus dem 12. Jh. Unten, Ausschnitt aus dem Grab Heinrichs II. in der Abtei von Fontevrault in der Region Anjou in Frankreich.

die Missbräuche seiner Repräsentanten letztlich dem König zu Ohren kommen. Wenn ein Unrecht begangen wurde, können sich die Bürger an das königliche Tribunal wenden. Dieses wurde zur Einschränkung der Sheriffs eingerichtet, wenn diese zu ihrem Vorteil und die Finanzführung manipulieren. Über deren rechtmäßige Verwaltung wacht wiederum ein anderes Organ: der Gerichtshof des Schatzamts, der als Schatzamt, Rechnungshof sowie als Steuertribunal fungiert. Das Reich genießt eine Zeit von Frieden und Stabilität, aber die Entscheidung, es in die Hände der Tochter Mathilde, der Witwe Heinrichs V., zu geben, findet bei der englischen Aristokratie keine Zustimmung. Statt ihrer bevorzugt der Adel Stephan von Blois, den Neffen des verstorbenen Königs. Es bricht ein Bürgerkrieg aus. Die beiden Fraktionen, die Sympathisanten Mathildes, die sich mit Gottfried V. von Anjou-Plantagenet verheiratet hat, und jene Stephans bekämpfen sich fast 20 Jahre lang auf englischem Boden. Von Wales und von Schottland aus werden nun auch noch Beutezüge nach England unternommen, das bereits von den inneren Kriegen gemartert ist. Mit dem Tod von Mathildes

Das anglonormannische England

Gemahl hört schließlich die Phase der Anarchie auf. Die englischen Adligen akzeptieren den Sohn Mathildes als Herrscher. Von 1154 bis 1189 ist Heinrich II. der neue König von England. Die Erfahrung mit den Normannen existiert nur noch in der Erinnerung, aber deren tiefe Spuren haben die politische, soziale und kulturelle Entwicklung der Insel geprägt.

Unten, Ausschnitt von der Portalschräge der Kirche von Iffley (letztes Drittel des 12. Jh.s).

Von der Musik bis zur Architektur

Die normannische Kunst

Die Musik als eine der Sieben Freien Künste wird an den normannischen Kathedralen- und Klosterschulen gelehrt. In der Abtei von Fécamp in der Normandie unterrichtet Abt Wilhelm von Saint-Bénigne in Dijon (auch Wilhelm von Volpiano, 1101–1128) Gesang. Seine Lehrstunden sind die renommiertesten in Europa. Von ihm stammt die Idee der Notenlinien und die Ausarbeitung des Kodex einer Notenschrift, in dem die Noten durch einen Buchstaben aus dem Alphabet vertreten werden. Am anglonormannischen Hof Heinrichs II. spricht man von einem gewissen Wace, einem Dichter, der zur Unterhaltung des Königs singt. Zu den Musikinstrumenten, die damals in Mode waren, gehören die Harfe, die Drehleier (ein Instrument mit Saiten und Tasten), die Trompete, die Flöte und die Orgel (die es damals auch schon in den Kirchen gab). Die Architektur hat ihre Besonderheit in der Erhabenheit und in der Kraft der Formen. Die Fassaden der Kirchen weisen keine komplexe skulpturale Ornamentik auf, wenn auch auf Empfehlung Wilhelms von Volpiano und Lanfrancos von Pavia in den Kapitellen teilweise der korinthische Stil italienischer Herkunft hervorgehoben ist. Im 11. Jh. genießt die normannische Kunst in Europa ein gewisses Prestige, insbesondere in der Goldschmiedekunst, in der Elfenbeinschnitzkunst und in der Miniaturmalerei. Es überwiegen Fantasiemotive, Tiere und Pflanzen. Auf den englischen und normannischen Baustellen wird im 11. und 12. Jh. ein Dekorationssystem mit kräftigen Bögen und Tympanon entwickelt. Für England typisch ist der Keilstein eines Bogens in Form des Kopfes eines Vogels, der mit dem Schnabel nach einem Stier pickt.

71

Die Waräger bei der Eroberung des Ostens

- Die »Rurik-Expedition«
- Das von den Warägern anvisierte Byzanz
- Der Weg nach Bagdad

- Harold der Unbarmherzige
- Im Land der *Rus*

Von den skandinavischen Völkern sind es im 9. Jh. die Schweden, die sich Richtung Osteuropa vorwagen. Sie dringen in die slawischen und muslimischen Länder ein, erreichen Byzanz, gelangen nach Kleinasien und bis nach China. Vom Baltischen Meer aus dringen sie in die Gebiete des Schwarzen Meers ein und fahren als Händler den Don, die Wolga und den Dnjepr hinauf. Sie tragen Waffen und beweisen bei Bedarf auch, dass sie damit umzugehen wissen. Die slawischen Völker und die Byzantiner nennen sie Waräger oder Rus.

Die Waräger bei der Eroberung des Ostens

Vom Baltischen Meer bis zum Schwarzen Meer floriert seit dem 9. Jh. der Handel. Felle, Wachs, Bernstein, Honig und vor allem Sklaven, größtenteils slawischen Ursprungs – so leiten sich der lateinische Begriff *sclavus*, das italienische *schiavo* sowie das gräkobyzantinische *sklavos* von dem Wort *slavo* ab – bilden die Fracht von Gütern, welche die Waräger von der Insel Gotland bis nach Konstantinopel verkaufen. Von dort kehren sie mit Gold, Juwelen, Seide und Gewürzen zurück. Dieser lebhafte Handel wird dank der zahlreichen Flüsse, die das riesige Gebiet durchlaufen, ermöglicht. Vom Golf von Finnland gelangen die Waräger auf die Newa und durchqueren dann den Ladogasee. Sie durchpflügen die Wasser des Volkhov bis Nowgorod. Dort erwartet sie ein sumpfiger Weg, bevor sie den Dnjepr in Richtung Kiew überqueren.

Oben, Nikolaj Roerich (1874–1947), Die Überseegäste *(Moskau, Tretjakow-Galerie). Unten, Bronzeobjekt aus dem 8. Jh., gefunden in Staraja Ladoga (Alt-Ladoga), dem Hauptmarkt der Wikinger in Nordrussland, bevor sie sich der Städte Nowgorod und Kiew behaupten.*

73

Unten, die Karte zeigt die Wikingersiedlungen in Osteuropa, die drei größten Verbreitungslinien sind die Flüsse Weichsel und Dvina und der Finnische Meerbusen.

Ehe sie in See stechen, um das Schwarze Meer zu erreichen, sind sie gezwungen, ihre Boote auf Rollen zu verladen und mit der Kraft ihrer Arme zu tragen, während sie es den Sklaven überlassen, die Last der Güterfracht zu schleppen. Eine andere von den Warägern ausgewählte Wegstrecke beginnt am Golf von Riga und setzt sich auf der Dwina fort. Weitere alternative Strecken bilden die Überquerung der Weichsel, des Dnisters, des Dons und der Wolga.

Die »Rurik-Expedition«

Die ersten Nachrichten über die von den Schweden im slawischen Territorium unternommenen Angriffe und Erkundungstouren gehen auf das Jahr 859 zurück. Ein ge-

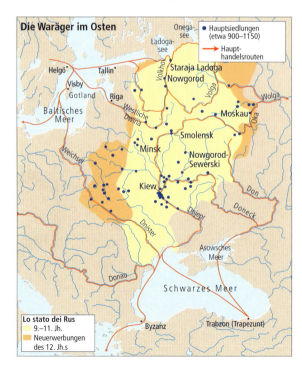

Die Waräger bei der Eroberung des Ostens

Links, einige Wikinger in Russland auf einem Stich aus dem 16. Jh., die ein Boot auf den Schultern transportieren.
Unten, ein Stich mit einer Darstellung von Wikingern, die ein Boot bauen, aus der Historia de gentibus Septentrionalibus *(1555)* des schwedischen Historikers und Geografen Olaus Magnus *(1490–1558)*.

wisser Rurik organisiert in jenem Jahr eine Expedition, die die östlichen Regionen um den Ladoga- und den Onegasee zum Ziel hat. Er gründet die befestigte Stadt von Alt-Ladoga, während seine Brüder Sineus und Truwor

---

Die Normannen in Osteuropa

Waräger und *Rus*

Die beiden Ausdrücke zur Bezeichnung der schwedischen Normannen in Osteuropa stammen in erster Linie vom germanischen vaeringar *ab. Dieses meint Männer, die miteinander durch einen Schwur verbunden sind. Die Byzantiner verwenden diesen Ausdruck zur Bezeichnung der Schweden und unterstreichen damit die Kraft des Familienbandes und des Gruppenzusammenhalts dieser skandinavischen Leute. Ferner kommt das Wort* varingr *(»Händler oder Soldat, der einer Nomadengruppe durch Schwur beigetreten ist«) im Altnorwegischen von* va'r, *was »Vertrauen« bedeutet. Das Wort* rus *ist finnischen Ursprungs. Die Finnen bezeichnen damit die Schweden. Die Slawen adaptieren es als Synonym für Waräger. Mit dem finnischen Terminus* ruotsi *bezeichnet man »jene, die rudern«. Von diesem finnischen Wort stammt das gräkobyzantinische* rhos *oder* rus *ab. Außerdem bedeutet im Altschwedischen das Wort* rodhar *»Ruder«. Von hier aus weitet sich die Bedeutung auf die »Männer, die rudern«, aus und somit schließlich auf die Händler, die sich zu Schiff fortbewegen.*

Rechts, Porträts von Rurik und Oleg in zwei Stichen des 18. Jh.s.

sich jeweils im Osten des Ladogasees und weiter im Süden in den Städten Belosjorsk (Beloosero) und Isborsk niederlassen. Entsprechend der Gewohnheit der wikingischen Plünderer belasten die drei Brüder die lokale Bevölkerung, welche zudem auch noch Opfer von Raubzügen und Plünderungen wird, mit Tributen. Ziel ist es, mit dem Erlös aus den erpressten Geldeinnahmen die zukünftigen geplanten Handelsprojekte zu finanzieren. In den Jahren 861 und 862 wird ihre Aufmerksamkeit zwei Stadtzentren als wichtigen Handelspolen zuteil: Nowgorod und Kiew fallen unter ihre Herrschaft. Beide Städte werden die Hauptlagerungsorte für die skandinavischen Güter, sowohl für die Produkte, die aus Schweden kommen, als auch für das sich konstant anhäufende Geld, für Vieh und Getreide sowie für Raubgut und Abgaben.

Als sie am Schwarzen Meer gelandet sind und vom Luxus und vom Reichtum reden hören, der in Konstantinopel herrscht – das sie Mikligardr, »die große Stadt« nennen, und das schon mehrmals, jedoch erfolglos von den Moslems angegriffen worden war –, planen die Waräger einen Überfall. So tauchen im Jahr 865 200 Schiffe vor den Mauern von Byzanz auf, unter der Führung von Askold und Dir, zwei Vertrauten Ruriks. Das Unternehmen misslingt jedoch wegen eines Gewitterschauers, der die gesamte Flotte vom Kurs abbringt. Als Rurik im Jahre 879 stirbt, bringt sein Nachfolger Oleg die Neuorganisation des Handelsverkehrs zu Ende, indem er die Kontrolle über jede einzelne Stadt im slawischen Gebiet entlang der

Flussläufe verbessert. Oleg lässt sich in Kiew nieder, nachdem er die beiden Vertrauten Ruriks beseitigt hat, die in der Stadt eine gewisse Macht erlangt hatten, und regiert nun alles von dort aus.

Unten, Rekonstruktion einer Häusersiedlung in Nowgorod in der späten Wikingerzeit.

Das von den Warägern anvisierte Byzanz

Im Jahre 907 vereint Oleg, der von der Eroberung Konstantinopels träumt, 8 000 Mann und legt mit 200 Schiffen in Richtung der Stadt ab. Nach dem, was der Mönch Nestor in seiner Chronik schreibt, steigt die Zahl der Schiffe bis auf 2 000 an. Die *Rus* schaffen es, die von den Byzantinern errichtete Absperrung in der Nähe des Goldenen Horns zu überwinden, indem sie aus ihren Booten steigen und sie auf Rädern transportieren. Bevor die Plünderungen die Stadt erreichen, akzeptieren die Waräger einen Waffenstillstand und nehmen eine Tributzahlung an. Es vergehen vier Jahre, bis sich die Waräger erneut vor den Mauern Konstantinopels einfinden. Sie dürfen es be-

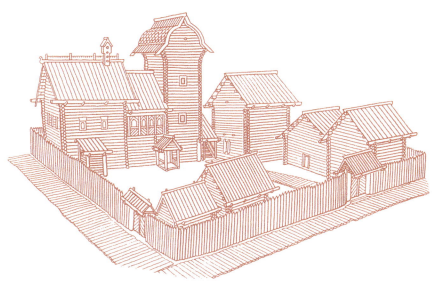

Ein Zeugnis aus dem 10. Jh.

Die Waräger gemäß den Arabern

Ibn Fadlan, ein arabischer Schriftsteller des 10. Jh.s, beschreibt uns Leben und Sitten der Waräger auf der Wolga. Er erzählt, dass er sie gesehen habe, während sie auf der Wolga die Anker gelassen haben. Von diesem Anblick bleibt er beeindruckt. Sie sind mit einem perfekten Körper

gesegnet. Bis auf einen Umhang, der sie zur Hälfte bedeckt, wobei ein Arm komplett frei bleibt, tragen sie kein Überkleid. Sie nutzen platte, breite Schwerter mit Rillen, nach fränkischem Modell. Die Männer sind von den Zehen bis zum Hals von Tätowierungen mit Bäumen und ähnlichen Motiven übersät. Die Frauen lieben es, sich mit Juwelen zu schmücken, ja, je reicher ihr Ehemann, desto mehr Edelsteine besitzen sie. Die Frau trägt um ihren Hals ein Etui, an dem ein Messer hängt. Je vermögender ihr Ehemann, desto kostbarer und größer ist das Etui. Es scheint so, dass der Mann, immer wenn er um 10 000 dirhem reicher wird, der Frau einen Goldring schenkt. Das auffälligste Schmuckstück ist eine Perle aus grünem Ton. Die Frauen tragen viele solcher Perlen, die sie von ihren Männern geschenkt bekommen haben, als Halskette. Die Waräger wohnen in Holzhäusern, in Gruppen von zehn oder zwölf in einer Hütte. Sie schämen sich

nicht, auf der eigenen Lagerstatt – sogar in Gegenwart ihrer Gefährten – sexuelle Beziehungen mit ihrer Sklavin zu haben. Die Körperreinigung lässt zu wünschen übrig: Sie waschen sich wenig und nur mit dreckigem Wasser aus einer kleinen Schüssel. Bevor sie sich ihren Geschäften widmen, legen sie vor einer Holzstatuette Weihgaben ab und wenden sich an sie mit einem Gebet: »O Herr, ich bin von so weit her gekommen, mit so vielen Frauen und mit einigen Fellen. Nun bereite ich Dir diese Gabe [ein Tieropfer]. Ich bitte Dich, mir einen Händler zu schicken, der recht viel Geld hat und mit mir Geschäfte abschließt, ohne dabei zu viel zu feilschen.« Wenn die Geschäfte zurückgehen, bitten sie um Fürsprache vor einer anderen Holzstatuette, die sie vor sich auf der Erde auf-

Die Waräger bei der Eroberung des Ostens

Links, der Internetauftritt *www.ribevikingecenter.dk* der dänischen Stadt Ribe, wo die Marktzone aus der Wikingerzeit rekonstruiert wurde. Die anderen Bilder veranschaulichen die verschiedenen Nachstellungen des »Wikingerlebens« aus heutiger Zeit in Ribe und Århus in Dänemark.

gestellt haben. Wenn die Geschäfte gut laufen, heißt es: »Mein Herr hat meine Bedürfnisse befriedigt, nun will ich ihm erwidern.« So opfern sie Ziegen und Kühe. Während der Nacht kommen dann die Hunde und verschlingen das Opferfleisch. Am Morgen danach sagen die Händler: »Mein Herr ist mit mir zufrieden und hat mein Opfer gegessen und gemocht.« Wenn ein Rus krank wird, lassen sie ihn in einem Zelt bei Brot und Wasser, bis er genest. Wenn er stirbt, verbrennen sie ihn. Wenn es sich um einen Diener handelt, lassen sie ihn dort liegen, bis sein Leichnam von den Geiern und den Hunden verschlungen wird. Wenn er überlebt, kann er zurückkehren und wieder mit ihnen zusammenleben. Wenn sie einen Räuber fangen, erhängen sie ihn an einem Baum und lassen ihn dort baumeln, bis Wind und Wetter ihn verkommen lassen. Ibn Rusta, arabischer Astronom und Geograf des 10. Jh.s, berichtet, dass sie die Felder nicht bestellen, sondern sich von dem ernähren, was sie in den Ländern der Slawen verkaufen können. Wenn ein Sohn geboren wird, nähert sich ihm der Vater, wirft ein Schwert vor ihn und schreit: »Ich lasse Dir nichts. Du sollst allein von dem leben, was Du Dir mit dieser Waffe verschaffen kannst.« Unter ihnen gibt es Magier (atibba), die Menschen- und Tieropfer darbringen. Sie erhängen sie dazu an einem Pfahl, damit sie vom Schöpfer verzehrt werden können. Im Kampf sind sie wagemutig, sie lassen auf dem Gebiet eines feindlichen Stammes nichts intakt. Sie nehmen Frauen gefangen, machen die Männer zu Sklaven und benutzen Schwerter von türkischem Schnitt. Sie tragen weite Hosen, die sie bis zum Knie hochkrempeln. Sie ziehen nie allein umher, sondern stets in Gruppen von vier Mann und tragen immer ein Schwert. Bei ihnen kann man sich nie sicher sein: Sie sind untreu, auch wenn es sich um einen Bruder oder Freund handelt, und so kann es passieren, dass sie ihren Gefährten auf Reisen und Streifzügen töten oder bestehlen.

79

Oben, Angriff der byzantinischen Kavallerie auf die warägischen Eindringlinge in einer Miniatur aus der Synopsis Historiarum aus dem 11. Jh. von Johannes Skylitzes (Madrid, Biblioteca Nacional).
Unten, eines der ersten Beispiele einer russischen Kirche, gelegen am Ufer des Volkhov bei Nowgorod, in jenem Gebiet, das zur Zeit der Waräger dem Handelsaustausch vorbehalten war. Gegenüberliegende Seite, oben, Stich aus der Historia de Gentibus Septentrionalibus von O. Magnus mit der Darstellung einiger skandinavischer Händler, die ein Boot an Land ziehen; unten, Nowgorod in einem Stich aus dem 17. Jh.

treten, jedoch nur in friedlicher Absicht, gemäß einem Vertrag, der ihnen das Recht zugesteht, innerhalb der Reichshauptstadt Handel zu treiben.

Im Jahre 944 versuchen die *Rus* unter der Führung Igors, dem Nachfolger Olegs, erneut einen Angriff auf die Tore von Byzanz. Sie profitieren von der Abwesenheit der byzantinischen Flotte, die gerade damit beschäftigt ist, im Ägäischen Meer gegen die Araber zu kämpfen. Der Bischof und Chronist Liutprando von Cremona berichtet, dass die Waräger 1 000 Schiffe ausrüsten. Andere Chroniken sprechen sogar von 10 000 Schiffen. Im Hafen von

Zeiten und Rhythmen der skandinavischen Händler

Die warägischen Kaufleute

Die Anwesenheit der Waräger in den slawischen Ländern ist unbestritten. In Schweden bezeugen Hunderte von Runenstei-

nen den Tod von Warägern in den Ländern des Ostens. An den Ufern des Ladogasees und in der Umgebung des Dnjeprs wurden mehrere Tausend Gräber mit Überresten von Frauen und Edelsteinen aus skandinavischer Anfertigung gefunden. Kaiser Konstantin VII. Porphyrogennetos beschreibt die Handelszeiten und -zyklen der Rus. Er berichtet, dass die Waräger im Winter von Kiew aus aufbrechen, um die Abgaben einzutreiben, die sie der slawischen Bevölkerung auferlegt haben. Mit dem zusammengeklaubten Geld beschaffen sie sich Felle und Sklaven, um sie auf dem Markt zu verkaufen. Im Frühling kehren sie nach Kiew zurück. Über die Flüsse gelangen weitere Händler aus Nowgorod, Černíkov und aus anderen Orten nach Kiew. Im Juni gehen sie auf den Wassern des Dnjeprs an Bord. Das Gebiet ist nicht leicht zu durchqueren: Es gibt dort Stromschnellen zu überwinden und feindliches Volk, das den Weg behindert. Von der Insel Berezan' nehmen sie dann Kurs auf Byzanz. Dabei lauern ihnen am Weg die Petschenegen auf, um sie ihrer Fracht zu »entledigen« und sie auszurauben. Im September des Jahres 911 besiegeln die Byzantiner und die Waräger in Byzanz ein Übereinkommen, das den Rus Handelsgeschäfte in Konstantinopel ermöglicht. Um in die byzantinische Hauptstadt eingelassen zu werden, verpflichten sie sich allerdings, sich von einem kaiserlichen Beamten begleiten zu lassen, und zwar unbewaffnet und in Gruppen bis zu höchstens 50 Händlern. Sie können Seide zu einem Preis von nicht mehr als 50 Goldmünzen erstehen. Jeder einzelne Stoff wird mit dem kaiserlichen Siegel versehen.

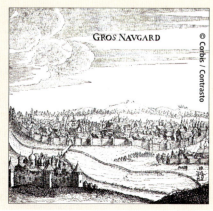

*Oben, Ausschnitt aus einer byzantinischen Handschrift, der die Anwendung des »griechischen Feuers« veranschaulicht, einer innovativen Waffe, die es den Byzantinern ermöglicht, die Wikingerhorden zu zerstreuen.
Unten, einige skandinavische Händler in einem Stich aus der Historia de Gentibus Septentrionalibus von O. Magnus.*

Byzanz bleiben kaum mehr als zehn Boote zurück, die nicht mehr zum Segeln in der Lage sind. Sie werden daher, um der neuen gefährlichen Krisensituation zu begegnen, genutzt, indem auf ihren Brücken Artilleriegeschütze aufgestellt werden. Die Schlacht beginnt am Bosporus. Protagonist der Begegnung zu Schiff ist das »griechische Feuer«. Dank dieser geheimen Waffe, einer explosiven Mixtur aus Schwefel, Salpeter, Harz und Rohöl, die in Todesgeschossen in Form von Röhren oder Tonvasen aufbewahrt wird, bezwingen die Byzantiner die Angreifer

Die Waräger bei der Eroberung des Ostens

und schlagen sie in die Flucht. Diese lassen ihrem Ärger freien Lauf, indem sie Bithynien und Paphlagonien verwüsten. In der Absicht, nicht nachzugeben, nehmen die Schweden erneut Kurs auf Konstantinopel. Der byzantinische Kaiser kommt ihnen allerdings dadurch zuvor, dass er ihren Gesandten Geschenke bereitet und das Versprechen von noch günstigeren Handelsübereinkünften macht. 945 unterzeichnen sie gemeinsam einen weiteren Friedensvertrag, der die Byzantiner verpflichtet, jedes Jahr im September die skandinavischen Händler aufzunehmen. Diese müssen jedoch zum Ausgleich dafür bei Wintereinbruch wieder davonziehen.

Von diesem Moment an sind die Beziehungen zwischen Konstantinopel und den Warägern von gegenseitigem Wohlwollen geprägt. Für lange Zeit herrschen Frieden und Eintracht. Dies ist der Regierung Olgas zu verdanken, der Mutter Igors, welcher von einem slawischen Stamm getötet worden war, der sich nicht mehr in der Lage sah, die Tribute zu ertragen, welche ihnen durch die Schweden auferlegt wurden. Olga wird mit allen Ehren vom Kaiser Konstantinopels empfangen und 957 sogar getauft. In der Zwischenzeit jedoch müssen die Waräger ihren Pakt mit den slawischen Völkern teuer bezahlen. Swjatoslaw, ein weiterer Sohn Olgas, der in der zweiten Hälfte des 10. Jh.s die Chasaren durch Einnahme der Festung von Sarkel unterworfen hatte, wird von den Petschenegen getötet. In den skandinavischen Khanaten von Kiew und Nowgorod gelangen Olgas Neffen Jaropolk und Wladimir an die Macht. Sowohl Olga als auch ihr Neffe Wladimir werden später zu Heiligen der orthodoxen Kirche.

Unten, einige Silberhalsreifen aus dem Schatz von Gnezdov, 1868 in Russland gefunden, dieser geht auf das 10. Jh. zurück und besteht hauptsächlich aus skandinavischen und slawischen Schmuckstücken.

Rechts, byzantinisches und arabisches Geld, gefunden in Schweden, ein Zeugnis der großen Fähigkeit der Wikinger, sich nicht nur aufgrund von Raubzügen, sondern auch wegen des Handels bis nach Asien fortzubewegen, wie auch die Karte unten zeigt.

Der Weg nach Bagdad

Die warägischen Händler nehmen Kontakt mit den Moslems auf und treten mit ihnen sogar in Geschäftsbeziehungen. Dies zeigt die beachtliche Menge an arabischem Geld (*kufic*), das in Skandinavien gefunden wurde. In Bolğar (Bolgary), einem Handelszentrum in der Nähe der Wolga, das von Händlern aus Indien und China stark frequentiert ist, bestehen die Handelsbeziehungen zwischen den Warägern und den Moslems aus dem Verkauf von Fellen aus Lappland und Finnland. Einträglich ist auch der Sklavenmarkt. Es scheint, dass die *Rus* die »Ware« so elegant wie möglich eingekleidet haben, um sie den Augen der muslimischen Klientel appetitlich erscheinen zu lassen. Eine

Die Waräger bei der Eroberung des Ostens

arabische Quelle beschreibt einige Besonderheiten dieser skandinavischen Händler, wenn sie bei der Arbeit sind: Sie sammeln das verdiente Geld in besonderen Gürteln. Bevor sie mit dem Verkauf beginnen, üben sie vor Holzstatuetten günstig stimmende Rituale aus. Sie tragen ein Kleidungsstück, das ihren Körper nur halb bedeckt, und haben immer ein Schwert, eine Axt und ein Messer bei sich. Ferner ist ihre Haut von Kopf bis Fuß mit Tätowierungen übersät, welche Naturobjekte wie Bäume und Seen darstellen. Sie pflegen ihr Haar mit größter Sorgfalt, vernachlässigen aber die Körperhygiene.

Am Kaspischen Meer statten sich die Waräger mit Kamelen und Dolmetscherskalven aus, um sich mit ihren Waren in Richtung Bagdad zu begeben. Eine Zeit lang ist die Straße zur irakischen Stadt noch gegen Zahlung eines Tributs an den Stamm der Chasaren befahrbar. Die *Rus* benehmen sich jedoch von den ersten Jahrzehnten des 9. Jh.s bis zur ersten Hälfte des 10. Jh.s in den arabischen Ländern kei-

Unten, Silberschmuckstücke, gefunden in der Nähe des Kopfes eines Menschen in einem Grab aus dem 10. Jh. in Birka in Schweden, jedoch nach der für die Gegend um Kiew typischen Machart.

Rechts, Stich mit der Darstellung von Wikingern bei Handelsgeschäften, aus der Historia de Gentibus Septentrionalibus *von O. Magnus.*
Unten, König Wladimir – auf dem Thron rechts – in einer Illustration aus der Radziwill-Chronik *(15. Jh.).*

neswegs wie friedliche Händler. So offenbart sich ihre gefährliche Wikingernatur, nachdem sie den Don und das Asowsche Meer überquert haben und einige Streifzüge an der Küste Persiens, in Gorgan und im Aserbaidschan unternehmen. Dort versuchen sie vergeblich, sich wie in Kiew niederzulassen, indem sie im Jahre 943 die Stadt Berda belagern. Eine arabische Quelle berichtet, dass die schwedischen Krieger von einer schweren Form der Ruhr überrascht werden. Sie fliehen, bevor die Moslems sie erreichen können. Vermutlich waren die Erträge an Kriegsbeute und Raubgut ursprünglich dazu bestimmt, den Warenverkehr von Konstantinopel nach Bagdad zu organisieren.

Harold der Unbarmherzige

Das byzantinische Reich erstreckt sich im 11. Jh. von Kleinasien bis zum östlichen Mittelmeer, umfasst Griechenland, den Balkan, die Donauregionen und Süditalien. Die schwedischen Söldner, die sich dem Kaiser zur Verfügung stellen, werden von der Aussicht auf üppige Kriegsbeute durch die Teilnahme an den militärischen Expeditionen unter der Führung der Byzantiner verführt. Unter den Warägern zeichnet sich Harold Hardrada, genannt »der Unbarmherzige«, aus, der das Kommando über 500 Mann führt und sich seit 1035 in den Dienst der byzantinischen Kaiserin Zoe und des Kaisers Michael IV. stellt. Er erhält von den beiden Herrschern den Befehl, am Ägäischen Meer auf Streife zu gehen und die Bevölkerung der griechischen Inseln von Piratenangriffen zu befreien. Harold vergrößert die Reihen seines Heeres, indem er auch Normannen integriert, die sich mit den Byzantinern in den Kriegen gegen Sizilien vereinen. 1038 beauftragt Michael IV. tatsächlich Harold und seine Männer, in Sizilien gegen die Araber zu kämpfen. 1041 schlägt Harold in Bulgarien einen Aufstandsversuch nieder. Die von Harold ausgeführten Expeditionen, die die Waräger auch in Serkland im Kalifat von Bagdad kämpfen lassen, tragen dem Heeresführer Ruhm und Ehre ein und bringen ihn in Besitz eines mehr als ansehnlichen Schatzes, den er in Nowgorod sorgfältig bewachen lässt. Der Kaiser ehrt ihn, indem er ihm hohe Ehrentitel verleiht und ihn zum Haupt der warägischen Wache ernennt. Das Glück Harolds ändert sich allerdings, als bekannt wird, dass ein Neffe von ihm zum König von Norwegen geworden ist, und er sich daraufhin anmaßt, ebenfalls ein Anrecht auf die skandinavische Krone zu haben.

Unten, seltene Goldmünze des Reichs von Wladimir, die den Fürsten mit dem Wappenzeichen über seiner Schulter zeigt, die Inschrift besagt: »Wladimir, und dies ist seine Rolle«.

Rechts, Statue des Fürsten Wladimir vor Kiew. Unten, Fresko aus dem 11. Jh. in der Sophienkathedrale in Kiew mit einer Darstellung Elisabeths – links –, der Tochter von Jaroslaw dem Weisen von Kiew und der Frau von Harold Hardrada.

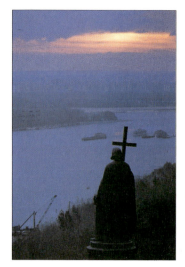

Der Herrscher entzieht ihm das Kommando über die warägische Wache, bringt ihn ins Gefängnis und beschuldigt ihn des Betrugs zum Schaden des byzantinischen Hofs bei der Aufteilung der angehäuften Kriegsbeute während der Militärkampagnen. Nachdem Harold in Ungnade gefallen ist, gelingt es ihm zu fliehen und in sein Land zurückzukehren, um zum König von Norwegen ernannt zu werden.

Im Land der *Rus*

Der byzantinische Einfluss ist für die politische Entwicklung des Reichs der Rus nicht unerheblich. Dieses ist aus der Fusion der beiden Fürstentümer Kiew und Nowgorod hervorgegangen. Noch erstaunlicher jedoch ist der gleichzeitig festzustellende Prozess der Integration der Waräger in die slawische Kultur. Dieser geschieht innerhalb eines relativ kurzen Zeitraums zwischen 911 und 945, den Daten zweier von den *Rus* und den Byzantinern unterzeichneter Trakta-

Die Waräger bei der Eroberung des Ostens

te. Diese gestehen Ersteren die Ausübung von Handelsgeschäften in Konstantinopel zu. Während der erste Vertrag die Unterschriften von gut 50 Skandinaviern enthält, ist im zweiten nicht ein einziger Name mehr nordischen Ursprungs. Sämtliche Unterschriften der Waräger haben inzwischen eine slawische Endung. Die Waräger gründen zahlreiche Städte entlang der Flüsse, die von ihnen zu Handelszwecken befahren werden, und widmen ihnen ihre gesamte Energie: Isborsk, Polok, Belosjorsk, Rostow, Murom, Smolensk und Černíkov. Es handelt sich um fast 400 Stadtzentren, ein jedes mit einer Bevölkerungszahl von bis zu 50 000 Einwohnern. Die Waräger nennen diese ausgedehnte urbane »Häkelarbeit«, welche entlang der

Unten, Runeninschrift auf einer Balustrade der Hagia Sophia in Istanbul, wahrscheinlich aus dem 11. Jh., sie ist nur noch teilweise lesbar, aber der wikingische Name »Halfdan« ist entziffert worden.
Unten, Ausschnitt aus einer Miniatur aus der Synopsis Historiarum *von Johannes Skylitzes mit einer Darstellung der warägischen Wachen (Madrid, Biblioteca Nacional).*

Das vom Kaiser ausgewählte Korps

Die warägische Wache

In Konstantinopel üben die Waräger nicht nur Handel aus, sondern sind auch Krieger im Dienste des Herrschers. Dies ist nach 980 der Fall, als Kiew von Wladimir erobert wird. Mithilfe einer Schar bewaffneter und in Schweden rekrutierter Wikinger bringt dieser dabei seinen Bruder um, mit dem er eine offene Auseinandersetzung hatte. Die skandinavischen Herrscher von Kiew und Nowgorod vereinigen sich von da an und bilden vom Dnjepr bis zum La-dogasee ein einheitliches politisches Gebilde: das Reich der Rus oder Russland. Die mit dem neuen Herrscher vereinbarte Vergütung befriedigt die Soldaten schwedischer Herkunft jedoch nicht, sodass ihnen dann die Idee kommt, sich dem byzantinischen Kaiser anzubieten. So bilden die Krieger ein militärisches Elitekorps, das im Dienst des Kaisers steht: die warägische Wache. Da sie fähige und treue Kämpfer sind, sind sie sehr angesehen. Der Kaiser hat von ihnen weder feindliche Handlungen noch die Verwicklung in Intrigen zu befürchten. Sie werden gut bezahlt, und so offenbaren sich die Waräger als hervorragende Krieger.

89

Rechts, Staraja Ladoga (Alt-Ladoga) heute, links ist die mittelalterliche Festung zu sehen, die am Fluss Volkhov liegt, wo er die Wasser des Ladogasees aufnimmt. Unten, Glasstatuette aus dem 10. Jh. aus Birka in Schweden (Stockholm, Statens Historika Museum). Gegenüberliegende Seite, oben, das Goldene Tor von Kiew, errichtet während der Herrschaft Jaroslaws des Weisen; unten, das, was von einer der vielen Holzstraßen noch übrig ist, die die Waräger in Nowgorod insbesondere in der Gegend von Troitskiy angelegt haben.

Flussufer verläuft, *Gaardariki* (»Das Reich der Städte«). Im 11. Jh. jedoch haben die Männer mit normannischen oder wikingischen Wurzeln bereits ihre ursprüngliche Identität verloren und sind in jeder Hinsicht Slawen. Der Terminus *Rus* bezeichnet nicht mehr den skandinavischen Händler oder Krieger, sondern das slawische Volk in seiner Gesamtheit, mit dessen Kern die Schweden komplett verschmolzen sind. Die *Russische Chronik* überliefert schriftlich, dass im Jahr 880 »die Waräger, die Slawen und andere Völker [...] *Rus* genannt wurden«. Zu jener Zeit bleibt jedoch die politische und militärische Macht in der Hand der Skandinavier. Erst später, an der Schwelle vom 10. zum 11. Jh., als Wladimir zum Fürsten wurde, hatten die Slawen mehr Mitspracherecht. Ein bei den *Rus* wahrnehmbarer Transformationsprozess von einer marginal schwedischen hin zu einer profunderen slawischen Konnotation vollzieht sich schließlich mit der Konversion zum orthodoxen Christentum. Von den Byzantinern ist sicherlich Druck in diese Richtung ausgeübt worden. Konstantinopel und die orthodoxe Kirche sind damit

Die Waräger bei der Eroberung des Ostens

Eine historisch-ideologische Kontroverse

Vorfahren des russischen Volks?

Unter den Historikern entsteht Anfang des 20. Jh.s hinsichtlich des skandinavischen Ursprungs des russischen Volkes ein Streit,

der mehr eine politische als wissenschaftliche Dimension hat. Vor 1917 existierten zwei Lager verschiedener Denkansätze: die Skandinavisten und die Slawisten. 1949 schreiben die Sowjets vor, dass man keinesfalls denken dürfe, dass die Skandinavier auch nur im Geringsten etwas mit den Ursprüngen Russlands zu tun gehabt hätten. Jenseits dieser Kontroversen ist jedoch sicher, dass die archäologischen Funde in Schweden und in der Gegend von Nowgorod – Runensteine, byzantinische und arabische Münzen, Gräber, Edelsteine, Waffen und verschiedene andere Objekte – die Anwesenheit der Skandinavier im slawischen Gebiet unwiderlegbar beweisen. Ferner ist gesichert, dass der Prozess der radikalen Slawisierung der nordischen Völker dank der geduldigen und hartnäckigen Indoktrinationsarbeit vonseiten der Byzantiner hinsichtlich der Sprache, der Sitten und der Religion der slawischen Völker sich mit einer überraschenden Schnelligkeit vollzogen hat. Die Quellen berichten, wie die Waräger und die Slawen in Kontakt kommen. Der Mönch Nestor bestätigt in der Alten Russischen Chronik, *dass die slawischen Völker die Waräger aus ihrem Land verjagen, als sie es leid sind, Abgaben an diese zu zahlen. Als sie es jedoch nicht schaffen, die Ordnung zu stabilisieren und sich zu einigen, überlegen sie es sich anders und schicken ihnen Gesandte mit der Aufforderung: »Unser Land ist groß und fruchtbar, aber hier herrscht Unordnung. Kommt und regiert uns!« Nestor berichtet, dass Rurik und seine Brüder dies gerne akzeptieren, sich in die slawischen Regionen begeben und in der Gegend um Nowgorod niederlassen. Diese wird bald darauf das Land der Rus.*

Unten, byzantinisches Taftstoff-Fragment, gefunden in Lunden in Schweden.
Unten, Frank Dicksee (1853–1928), Begräbnis eines Wikingers, 1893 (Manchester, City Art Galleries).

beschäftigt, die normannische Herrscherpräsenz in der slawischen Gesellschaft in der Weise kulturell zu formen, dass der slawische Einfluss sich auch auf Entscheidungen politischen Charakters auswirkt, um die soziale Ordnung beizubehalten. Die politische und militärische Elite ist immer noch an die skandinavische Welt gebunden. Die Fürsten von Kiew pflegen nach wie vor Kontakte nach Schweden und Norwegen. Die vorherrschende Spra-

Ein feierlicher und schrecklicher Ritus

Das Begräbniszeremoniel

Im Jahre 922 begegnet Ibn Fadlan, ein arabischer Botschafter des Kalifats von Bagdad, warägischen Händlern in Bulgarien und wohnt einer Begräbniszeremonie bei. Die Rus fragen die Sklaven und Sklavinnen des Verstorbenen, wer gemeinsam mit seinem Herrn sterben möchte. Wenn einmal das Einverständnis erklärt ist, gibt es kein Zurück mehr. Eine Freiwillige begibt sich nach vorne. Die Sklavin wird von weiteren Frauen bedient und versorgt, und für einige Tage kann sie sich dem Vergnügen des Singens und Trinkens hingeben. Am Tage der Verbrennung des Leichnams wird ein Boot als Scheiterhaufen hergerichtet. Der Körper des Verstorbenen wird auf eine Lagerstatt in einem Zelt gelegt, mit kostbaren Gewändern bekleidet, mit einem Fell bedeckt. Ihm werden Speisen und Getränke sowie seine Waffen beigelegt. Man bringt Tieropfer dar, einen Hund, ein Pferd, eine Kuh, einen Hahn und eine Henne. Die Sklavin zieht derweil von Zelt zu Zelt und legt sich zu anderen Männern. Am Ende eines jeden Geschlechtsverkehrs sagt ihr der Mann: »Richte Deinem Herrn aus, dass

Die Waräger bei der Eroberung des Ostens

che ist jedoch die slawische. Von nordischen Redewendungen gibt es keine Spuren mehr. Anzeichen einer verblassenden skandinavischen Prägung finden sich hingegen noch in der Art der Bestattung, wie die archäologischen Funde in Russland beweisen, etwa in den Objekten und in den Waffen, die neben Grabhügeln gefunden wurden. Erst nach dem 10. Jh. gibt der nordische Anteil auch bei den Beerdigungsriten definitiv seinen Platz zugunsten der slawischen Tradition auf.

Unten, einige Objekte von allgemeinem Gebrauch, aus verschiedenen Materialien von Hand gefertigt.

ich es aus Liebe für ihn gemacht habe.« Dann wird die Sklavin dreimal von den Männern hochgehoben. Das erste Mal sagt sie: »Schaut her, ich sehe meinen Vater und meine Mutter.« Das zweite Mal: »Ich sehe meine verstorbenen Eltern.« Das dritte Mal: »Ich sehe meinen Herrn im Paradies. Das Paradies ist schön und vollkommen grün. Bei ihm befinden sich andere junge und erwachsene Sklaven. Er ruft nach mir. Bringt mich zu ihm.« Bevor sie das Zelt betritt, wo das Grab hergerichtet wurde, schenkt die Sklavin einer alten Frau, welche »Engel des Todes« genannt wird,

goldene Armreife und ihren Sklavinnen Ringe. Die Sklavin wird zunächst dazu aufgefordert, ein Rauschgetränk zu sich zu nehmen (den nabid, Bier oder Met bzw. Honigwein) und zu singen, dann, in das Zelt einzutreten, wo sie geopfert wird. Die Männer machen mit ihren Waffen Lärm, damit man das Geschrei der Sklavin nicht hört. Das Mädchen wird nach weiteren Paarungen im Zelt mehrmals von der Hand des »Todesengels« mit einem Dolch durchbohrt, während die Männer sie mit einer Schlinge um den Hals ersticken. Schließlich wird an dem auf dem Schiff er-

richteten Holzstapel von einem nackten Mann das Feuer entzündet. Kurz danach ist alles in Asche gelegt. An dem Ort wird ein Hügel errichtet und eine Birke gepflanzt, auf einen Pflock der Name des Verstorbenen und jener des Königs von Kiew geschrieben. Nach Beendigung des Zeremoniells wendet sich ein Rus an den arabischen Boten und kommentiert: »Ihr Araber seid Barbaren. Ihr nehmt die Personen, die ihr liebt, und werft sie unter die Erde den Würmern zum Fraß vor. Wir hingegen verbrennen, wen wir lieben und respektieren, und so kommt er sofort ins Paradies.«

Die Normannen in Süditalien

- Vorspiele eines normannischen Königreichs in Italien
- Die Kirche gegen die Normannen
- Die Besetzung des arabischen Siziliens

- Mittelitalien: ein normannisches Reich
- Terror und Verschwörungen im Palast
- Die Politik Friedrichs II. im Süden

Die Normannen erreichen Ende des 10. Jh.s Süditalien, zum einen als Pilger angesichts des Santuariums von San Michele im Garganogebirge, zum anderen als Söldner im Dienste der Byzantiner oder der Langobarden. Schon bald ist der Süden der Halbinsel von Abenteurern und Kadetten aus der Normandie besetzt, die beabsichtigen, sich der Ländereien und der Herrschaftsgewalt zu bemächtigen. 1030 entsteht ein Lehen bei Aversa. Anschließend werden zwei Abkömmlinge der Familie von Hauteville zu den Protagonisten des normannischen Abenteuers im Süden: Robert Guiskard und Roger I. So zeichnet sich die Entstehung eines normannischen Königreichs ab. Unter Roger II. und unter Friedrich II. erreicht das normannische Schicksal Süditaliens seinen Höhepunkt.

Die Normannen in Süditalien

Zu Beginn des 11. Jh.s ist die kaiserliche Unabhängigkeit von Byzanz im Süden Italiens Grund ständiger Zusammenstöße. Die langobardischen Fürstentümer von Capua, Benevent und Salerno versuchen, die Unabhängigkeit mit Gewalt aufrechtzuerhalten. In Apulien und Kalabrien geht die Ablehnung der byzantinischen Herrschaft, die bereits durch die Sarazenen bedroht wurde, in Rebellionen über, die von adligen Langobarden angeführt werden. In die Auseinandersetzungen schalten sich nun zufällig die normannischen Ritter ein. Sie bieten sowohl den Griechen (wie die Byzantiner genannt werden), als auch den Langobarden das Beste ihrer militärischen Energie im Austausch für eine gute Bezahlung und die Betrauung mit Ländern, die von ihnen unter Kontrolle zu halten sind. Auch in den Stadtstaaten Amalfi, Neapel und Gaeta eignet sich das normannische Schwert gut dazu, die Interessen des einen oder anderen Fürsten zu verteidigen, wenn er sich nur darauf einlässt, seinen Reichtum zu teilen. Die Normannen stellen ihre eigene Tüchtigkeit unter Beweis, indem sie im

Oben, Fresko mit höfischer Szene, im Zentrum Friedrich II., der eine Rose darreicht (Bassano del Grappa, Palazzo Finco).
Unten, Goldkreuz aus dem 8. Jh. aus langobardischer Anfertigung (Salerno, Centro d'Archeologia Medievale).

Unten, Teilansicht der mittelalterlichen Befestigungsanlage von Casertavecchia, gegründet von den Langobarden von Capua Mitte des 9. Jh.s.

Auftrag des Kaisers von Byzanz, der über die warägische Wache verfügt, die Moslems verjagen. Aus einigen Quellen ergibt sich, dass von 999 an in Salerno eine Gruppe von normannischen Pilgern der Bevölkerung geholfen haben soll, den zigsten Angriff sarazenischer Piraten abzuwehren. Nachdem sich die Normannen in Italien ausgebreitet haben, erreicht ihr Ruf als wagemutige Ritter auch Wilhelm den Eroberer. Dieser ruft sie sogleich zu sich, um sie in sein eigenes Heer aufzunehmen, das gen England aufbricht. Die militärische Erfahrung der Normannen in Italien wird derart gerühmt, dass am Hof der anglonormannischen Herrscher sogar das Rittergedicht *Ipomedone* kursiert, das zwischen 1146 und 1176 in Apulien und Sizilien spielt. Seine Thematik ist inspiriert von der Liebesgeschichte zwischen einem sizilianisch-apulischen Thronerben und einer Tochter des Königs von England.

Von Wilhelm von Apulien, dem Autor der *Gesta Roberti Wiscardi* (»Heldentaten Robert Guiskards«), und Amatus Casinensis, Bischof von Montecassino, der eine Geschichte der Normannen geschrieben hat, wissen wir, dass einige Normannen die Gewohnheit hatten, zum Santuarium des Erzengels und Kriegers Michael zu pilgern, der sowohl von den Langobarden als auch von den Normannen hoch verehrt wurde. Die Begegnung zwischen den langobardischen Herren und den Rittern aus dem Norden ist wahrscheinlich in der Gegend um diesen Ort anzusiedeln. Melo (Melus), ein Barenser, und Waimar, Herzog

Die Normannen in Süditalien

Links, ein Transportschiff (10.–13. Jh.).

von Salerno, sehen sich gezwungen, Männer zu rekrutieren, um dem Reich des Ostens und den Angriffen der muslimischen Piraten Widerstand zu leisten und um mit lokalen Aristokraten um die Gebietsherrschaft zu streiten. Deshalb engagieren sie die normannischen Ritter, denen sie im Gargano begegnen. Nach ersten Erfolgen werden die normannischen Truppen jedoch von den byzantinischen Kräften 1018 bei Cannae geschlagen. Ein besseres Schicksal erfahren die Normannen, die mit dem Herzog von Neapel, Sergio IV., verbündet sind, in der Auseinandersetzung mit dem Fürsten von Capua. Nach dem Sieg wird das Herzogtum von Aversa 1030 an Rainulf Drengot abgetreten. Es ist die erste normannische Siedlung, die im Süden der Halbinsel ist. Von diesem Moment an sind die Wanderbewegungen, die die normannische Ankunft zunächst charakterisiert hatten, von Verwurzelungstendenzen geprägt, die ihre Erklärung in dem Lehnsgeschenk finden.

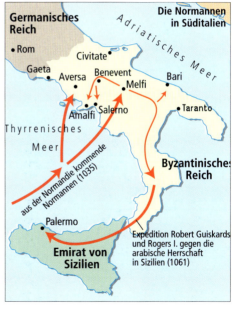

Die Situation, die sich im Süden entwickelt, dessen Länder Objekte ständiger Auseinandersetzungen zwischen Lehnsherren sind, ist ziemlich konfus. Die Normannen tragen dazu bei, sie noch chaotischer werden zu lassen. Rom sieht dem zunächst mit Argwohn zu,

bald jedoch mit einem gewissen Interesse. Jene Räuber, die in den Chroniken mit finsteren Bildern beschrieben werden, könnten den fehlenden Mosaikstein bilden, den das Papsttum benötigt, um in drastischer Weise den Einfluss der beiden Reiche – jenes des Orients und des deutschen – im Süden Italiens und innerhalb der der Kirche unterstehenden Gebiete zu verringern.

Vorspiele eines normannischen Königreichs in Italien

Die internen Spannungen im Herzogtum der Normandie rufen eine Auswanderungswelle von normannischen Rittern hervor, die sich auf gut Glück außerhalb der Grenzen begeben. 1035 erreicht eine Gruppe von Rittern den Süden der Halbinsel. Ihr Unterfangen ist letztlich der Ausgangspunkt für die Errichtung eines Reichs. Es sind Söhne des Tankred von Hauteville: Wilhelm Eisenarm, Robert Guiskard und Roger I. Hauteville. 300 weitere Normannen, die der warägischen Wache angehören, befinden sich 1038 in Sizilien, um dem

Oben, Seite aus einer Handschrift des 14. Jh.s der Ystoire de li Normant *von Amatus von Montecassino, Mönch und später Bischof in der 2. Hälfte des 11. Jh.s. Rechts, normannische Soldaten in einem Kapitellrelief des Doms von Monreale bei Palermo.*

arabischen Usurpator Widerstand zu leisten. Einer der Brüder der Hauteville, Wilhelm, zeichnet sich in einer Schlacht durch Tötung eines Feindes nur mit dem Arm aus und erhält daraufhin den Beinamen »Eisenarm«. Die normannische Herrschaft in

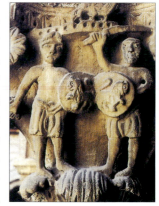

Die Normannen in Süditalien

Apulien, Kalabrien und Basilicata entwickelt sich in der ersten Hälfte des 11. Jh.s dank einer Folge von Siegen auf dem Schlachtfeld. In Bari, Bitonto, Matera, Venosa, Montepeloso sowie in anderen kleinen Orten unterliegen die byzantinischen Truppen, und das letzte Aufbäumen der Byzantiner 1071 in Bari wird niedergeschlagen. 1041 wird Melfi zu einem befestigten normannischen Stützpunkt, von dem aus die Eroberungsinitiativen starten. Wieder ist es Wilhelm Eisenarm, der sich auszeichnet. Der Erstgeborene der Dynastie Tankreds von Hauteville erhält zusammen mit anderen normannischen Rittern mittels der üblichen Lehnsinvestitur durch Vermittlung des Herzogs Waimar von Salerno die Signoria von Melfi und der anderen eroberten Gebiete in der Umgebung. In Capua ist es 1058 ein anderer Normanne, der die Macht des Fürstentums erlangt, die den Langobarden genommen wurde: Richard, Neffe Rainulfs, des Grafen von Aversa und des Herzogs von Gaeta. Ein Jahr später entscheidet die Besetzung von Reggio endgültig, wer Kalabrien regiert: ein Hauteville.

Die Gründung der befestigten Lehen von Aversa und Melfi entgeht den Augen des deutschen Kaisers Heinrichs III. nicht. Wie die Normannen zugestehen müssen, entspricht es dem Brauch der feudalen Prozeduren, dass es jener deutsche Kaiser ist, der die politisch-militärische Macht der Hauteville über die Ländereien von Apulien und Kalabrien bekannt gibt. Drogo von Hauteville fallen nun Machtkompetenzen zu, die auf institutioneller und juristischer Ebene die höchste Garantie haben: die kaiserliche Bestätigung, die ihm 1047 den Titel *dux et magister* von Italien, Graf der Normannen von Apulien und Kalabrien,

Unten, Bischofsthron aus dem 12. Jh., der am unteren Rand eine Inschrift trägt, die Elias gewidmet ist, dem Bischof von Bari und Canosa (Bari, Basilika von St. Nicola).

Rechts, Ausschnitt aus einem Fresko mit der Darstellung von Desiderius, dem Abt von Montecassino, wie er Christus das Modell der Kirche Sant'Angelo in Formis darreicht (Capua, Sant'Angelo in Formis). 1065 übergibt der Erzbischof von Capua, Hildebrand (1059–1072), diese dem normannischen Prinzen Richard, der sie mit Gütern ausstattet und sie seinerseits 1072 Desiderius anbietet.

gewährt. Um ihm Beistand zu leisten, trifft sein Bruder Wilhelm Guiskard ein, dessen Ruf derartig steigt, dass Wilhelm von der Normandie sich an diesem ein Beispiel nimmt, was Mut anbelangt. Aufgrund der Anwesenheit von Klosterherren in den eroberten Gebieten, etwa den Benediktinerklöstern von Montecassino, San Vincenzo al Volturno, Santa Sofia in Benevent, wird die normannische Hegemonie daran gehindert, sich weiter auszubreiten. Die Mönche sind nicht bereit, den feudalen Ansprüchen der Normannen nachzukom-

Eine Zeugenaussage Anna Comnenas

Robert Guiskard

Die byzantinische Prinzessin Anna Comnena hat ein schmeichlerisches Bild von Robert Hauteville hinterlassen, das jedoch nicht frei ist von Spott »Dieser Robert war ein Mann von normannischem Blut, von nichtssagender Herkunft, von tyrannischer Natur, höchst schlau und mutig, äußerst fähig, sich der Reichtümer anderer zu bemächtigen, unwahrscheinlich hartnäckig bei der Verwirklichung seiner Ziele. Seine Pläne ließ er sich von niemandem durchkreuzen. Er war von solcher Statur, dass er alle an Größe überragte, von hochrotem Fleisch, mit blonden Haaren und breiten Schultern. Sein Körper war wohl proportioniert, anmutig, mit weitem Brustkorb. So beschreibt ihn, wer sich ihm genähert hat. Ein Mann also, der mit seinem Körper und seiner Persönlichkeit gesegnet war. Unbezähmbar und unabhängig. Man sagt, so seien alle Männer von starker Persönlichkeit, deren Herkunft aber im Verborgenen bleibt.«

men, vor allem, als diese die Zuständigkeit für militärische Angelegenheiten bekommen. Anstatt die heiligen Orte auszurauben, ziehen es die normannischen Ritter vor, die Geistlichen nicht zu stören und befriedigen bei ihnen häufig ihre spirituellen Bedürfnisse. Aus diesen religiösen Motivationen heraus erklärt sich auch, warum der Ertrag aus den in Süditalien durchgeführten Plünderungen dazu bestimmt ist, die Verschönerung oder den Neubau von Kirchen in der Normandie zu finanzieren.

Unten, Miniatur aus dem Regesto di Sant'Angelo in Formis aus dem 12. Jh. mit einer Darstellung von Robert Guiskard.

Die Kirche gegen die Normannen

Papst Leo IX. macht den Normannen mehrmals klar, dass sie der Bevölkerung mit den Plünderungen, Beleidigungen und Gewalttätigkeiten keinen Schaden zufügen dürfen. Während einer Pilgerfahrt berichtet Abt Johannes von Fécamp, der wie durch ein Wunder einem gefährlichen Angriff entkommt, dem Papst, dass die örtliche Bevölkerung, die durch die Eroberer gequält wird, die Normannen derartig hassen, dass es für sie fast unmöglich ist, eine Stadt zu betreten. Nicht einmal als Pilger gelingt ihnen dies, ohne übel zugerichtet

oder gefangen genommen zu werden. Die Chroniken überliefern, dass die Beutezüge und die von den normannischen Räubern gelegten Fallen den Erdboden Italiens haben verarmen lassen:

> *Es ist keine einzige Olive und nicht eine einzige Kornähre geblieben. Zum Überleben ist das Volk gezwungen, die eigenen Kinder als Sklaven zu verkaufen und das Brot aus den Grashalmen der Flüsse, aus Baumfasern, Eicheln und Kastanien zu backen.*

*Rechts, die kleinere der beiden Ambonen (steinernen Aufbauten mit Lesepult) des Doms zu Salerno (1181).
Unten, Kapitell aus dem 11. Jh. aus dem Santuario di Montevergine in der Provinz Avellino.
Gegenüberliegende Seite, oben, Teil des Kreuzes Robert Guiskards von Anfang des 12. Jh.s (Salerno, Museo Diocesano); unten, die Klosterkirche von Cluny in einer Grafik des 19. Jh.s.*

Für den Papst wird eine militärische Intervention von seiner Seite zwingend. In Civitate jedoch kommen die Normannen jedem Manöver zuvor und nehmen Papst Leo IX. gefangen. Für seine Freilassung muss Rom die normannischen Eroberungen offiziell anerkennen. Das Leben des Papstes steht auf dem Spiel und die Kirche von Rom fügt sich den normannischen Forderungen.

In der römischen Kurie erscheint die Aversion gegen die Normannen voraussehbar: Es hagelt Exkommunikationen – für Robert gleich drei –, und die Erklärungen des Papstes und der Bischöfe porträtieren sie als »antichristliche Banditen, die man dringend so schnell wie möglich aus Italien vertreiben sollte«. Krank und erschöpft wird Leo IX. am 12. März 1054 befreit und nach Rom zurückgeführt, wo er am 19. April stirbt. Nun beginnt sich allerdings eine normannenfreundliche Partei zu formieren, und zwar auch deshalb, weil die Kirche von Rom ein gespanntes Verhältnis zu Byzanz hat: So provozieren die Beschuldigungen der Simonie oder die Priesterehe schließlich das Schisma, die Spaltung zwischen Ost- und Westkirche (1054). Vonseiten des Papstes wird dann versucht, die Normannen mit ihrer militärischen Unterstützung dazu zu nutzen, das Projekt der kluniazensischen Reform voranzutreiben. Mit Papst Nikolaus II. (1059–1061) hat Robert Guiskard leichtes

Die Normannen in Süditalien

Spiel: Das Konkordat von Melfi (1059) sanktioniert, dass dem Grafen Richard von Aversa vom Papst die Herrschaft über Capua zugestanden und Robert wahrhaftig der Titel »Herzog von Apulien und Kalabrien von Gottes Gnaden und des Heiligen Petrus und, mit deren zukünftiger Hilfe, Herzog von Sizilien« verliehen wird. Die römische Kirche kann auf die militärische Unterstützung der Hauteville zählen, um ihre eigene temporäre Autorität in Süditalien zu bestärken. Papst Alexander II. (1061–1073)

Die Kirche und die benediktinische Wende

Die kluniazensische Reform

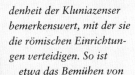

Im fränkischen Gebiet bei Mâcon entsteht im 10. Jh. ein Benediktinerkloster, dessen Führungsrolle im Leben der Kirche bis zum 13. Jh. kaum zu übertreffende Bedeutung erlangt. Die kluniazensische Tradition vollzieht in der Tat eine bedeutende Wende innerhalb der kirchlichen und religiösen Reformprojekte, die Rom zu verwirklichen beansprucht. Das Kloster von Cluny, sein gesamtes Territorium und seine Dependancen bilden auf liturgischer, spiritueller und zeitlicher Ebene ein Laboratorium neuer Orientierungen für den Katholizismus damaliger Zeit. Nach 1066 stehen die Kluniazenser den Normannen bei der Aufgabe bei, durch die Errichtung neuer Klöster und Kathedralen für die Wiederbelebung des Christentums zu sorgen. Im Investiturstreit zwischen Kaiser und Papsttum ist die Entschiedenheit der Kluniazenser bemerkenswert, mit der sie die römischen Einrichtungen verteidigen. So ist etwa das Bemühen von Cluny, die Orthodoxie gegen die Doktrin der römischen Kirche zu verteidigen, beachtlich.
Um die erste Hälfte des 12. Jh.s erntet Cluny bezüglich des lehnsherrschaftlichen Ansehens und liturgischer Lobpreisung die ansehnlichen Früchte seiner eigenen Reformerfahrungen, wenn auch einflussreiche Autoren wie Bernhard von Clairveaux sich die Rückkehr zu größerer Strenge erhoffen.

103

Oben, Porträt Bernhards von Clairveaux (Troyes, Domschatz).
Unten, der Ambo von Moscufo in der romanischen Kirche Santa Maria del Lago in Moscufo in den Abruzzen (12. Jh.).

befürwortet das Vorhaben Roberts und seines Bruders, Rogers I., Sizilien zu erobern, um es von der arabischen Vorherrschaft loszulösen. Den Normannen, die 1061 in See stechen, wird ein päpstliches Banner anvertraut, die Fahne des Heiligen Petrus, ein Symbol, das dem Unternehmen den Wert eines Kreuzzuges verleiht.

1076 und 1077 fallen die Seestadt Amalfi und das ehemalige langobardische Fürstentum Salerno Robert Guiskard in die Hände, der jedoch mit den anderen normannischen Rittern abrechnen muss, die nicht immer bereit sind, seine Oberherrschaft zu akzeptieren. Die verschiedenen Anführer machen kraft der herrschaftlichen Gewalt, die sie auf dem Feld erlangt haben, größere Privilegien innerhalb der Kämpfe um die Gebietsherrschaft geltend, deren Fäden Robert Guiskard in der Hand hält. Mehrmals muss er bei Belagerungen intervenieren, um die von einigen normannischen Lehnsherren provozierten Aufstände in Apulien, Kalabrien und Basilicata aufzulösen. Robert Guiskard schafft es schließlich dank seines Ansehens und seiner unstreitigen militärischen Überlegenheit, die Einheit unter Seinesgleichen wiederherzustellen. Robert kann daher den Pakt mit der Kirche unterzeichnen. 1080 schwört der normannische Herzog in Ceprano Gregor VII. (1073–1085) erneut Treue, dessen Bruch mit dem deutschen Kaiser von dem

Die Normannen in Süditalien

Moment an unumkehrbar erscheint, als Rom die säkulare Investitur kirchlicher Ämter nunmehr kategorisch ablehnt, während der Kaiser darauf beharrt, bei der Ernennung von Bischöfen und Päpsten sein Gutdünken walten zu lassen.

Im Frühling 1084 eilt Robert dem Papst zu Hilfe – dieser hat sich in die Engelsburg geflüchtet –, während er im Osten die Befehlsgewalt seinem Sohn Bohemund überlässt, der es nicht schafft, seine Expedition gegen die Byzantiner zu einem guten Abschluss zu bringen. 1098 wird es ihm allerdings gelingen, das Fürstentum Antiochia im Heiligen Land zu erobern. Robert lässt den Papst aus Rom flüchten – welches vom Durchzug der Normannen verwüstet ist, die sich für dessen Zerstörung der Hilfe der Sarazenen bedienen –, wo Heinrich IV. in der Absicht eintrifft, ihn abzusetzen. Nicht weit von Rom verstirbt Gregor VII. Ende Mai des Jahres 1085 unter normannischem Schutz in Salerno. Weniger als zwei Monate später stirbt Robert.

Unten, Miniatur aus dem Lezionario di Desiderio per le feste dei Santi Benedetto, Mauro e Scolastica mit einer Darstellung Desiderius', des Abtes von Montecassino, wie er dem Heiligen Benedikt das Vermögen der Abtei anbietet (Vatikan, Biblioteca Apostolica).

Die Besetzung des arabischen Siziliens

In Sizilien ist es unterdessen Roger I. – damit beschäftigt, den Papst zu schützen und die Spannungen in Apulien zu besänftigen –, der die Leitung der militärischen Operationen auf der Insel übernimmt, wenn auch der Nachschub nicht immer regelmäßig eintrifft. Auf der Insel sind unter den Emiren Rivalitäten entflammt. Die Allianz mit einem von ihnen zieht zahlreiche militärische Maßnahmen mit sich. Die Seerepublik Pisa stellt als Unterstützung eine Anzahl von Schiffen zur Verfügung. Die Normannen sind allerdings nicht besonders begeistert von der Idee, die

*Rechts, Küstenturm bei Amalfi.
Unten, ägyptische Malerei aus dem 12. Jh. mit der Darstellung eines Kampfes zwischen normannischen Rittern und Arabern vor den Mauern einer Stadt.*

Ehre und die militärischen Erfolge mit anderen teilen zu müssen. 1061 setzt die Handlungsschnelligkeit Roberts und Rogers I. die Sarazenen in Erstaunen: Mileto, Milazzo und Messina werden besetzt. In den folgenden Jahren jedoch erleidet die gegen die Sarazenen gerichtete Offensive eine Serie von Rückschlägen, wie etwa in Catania in der Ebene des Ätnas. In einigen Städten lässt die Bevölkerung es nicht zu, dass die Normannen ihre Macht als Eroberer missbrauchen, und erhebt sich gegen ihre Befreier, die plündern, unkontrollierte Gemetzel und blinde Gewalt verüben. In Apulien zwingt der wiederauflebende Widerstand der Byzantiner die Normannen dazu, Männer zur Verstärkung anzufordern. Als schließlich im Süden der Halbinsel die normannische Hegemonie wiederhergestellt ist, gehen die Ritter unter dem Kommando Roberts und Rogers I.

im Sommer 1072 daran, Palermo zu plündern. Die Normannen bemächtigen sich einer sizilianischen Stadt nach der anderen: im Jahre 1077 fällt Trapani, 1079 ergibt sich Taormina, nach zehn Jahren des Kriegs gibt Syrakus auf, und Malta fällt im Jahre 1091. Die religiöse Idee von der Eroberung Siziliens als

Die Normannen in Süditalien

einer göttlichen Mission, die zu erfüllen sei, um die Christen und Katholiken zu befreien,

– wie es lokale Quellen ausdrücken – dient Roger I. dazu, die normannische Herrschaft über die Insel auf eine Weise zu konsolidieren, die die Streitigkeiten zwischen den verschiedenen Rittern und ihre persönlichen Herrschaftsambitionen nach militärischen Siegen wenn nicht ausschließt, so doch wenigstens abmildert.

Die Intelligenz des großen Normannenherzogs zeigt sich darin, dass die muslimischen und byzantinischen Beamten in ihren Ämtern belassen werden, die eine korrekte Abwicklung der Verwaltung und eine angemessene Regierung des gesamten neuen Reichs gewährleisten. Es handelt sich um eine politische Lösung, die aus einer Notwendigkeit heraus erfolgt. Die Tatsache, dass bedeutende Regierungsobliegenheiten Laien oder Geistlichen unterschiedlicher Nationalität überlassen werden, ist dem Erfordernis geschuldet, eine herrschende Klasse zu formieren, welche eine Ordnung ohne Unruhen durch die normannische Anwesenheit vorsieht und die den Rittern keine neuen Probleme bereitet, sind diese doch schon genug von Machtspielen in Anspruch genommen. Den normannischen Amtsantritt regelt er durch eine gewissenhafte Aufteilung der Herrschaftsgewinne. Er verwaltet die Macht, indem er administrative Ämter wie etwa das des Protonotars *(protonotario)*, des Buchhalters *(logoteta)* oder des Kämmerers *(camerario)* hauptsächlich dem byzantinischen Personal, jedoch auch dem römischen und sarazenischen überträgt. So ist das Amt des *amiratus*, von dem sich das Wort »Admiral« mit militärischen und politischen Aufgaben von hohem Rang herleitet, arabischen Ursprungs. Die Kompetenz für Notariatsaufgaben wird

Unten, Roger II. in einer Radierung aus dem 17. Jh. (Neapel, Istituto Universitario Suor Orsola Benincasa).

Rechts, der Kreuzgang des Benediktinerklosters von Monreale, zwischen 1172 und 1185 von Wilhelm II. errichtet.
Unten, Bauern bei der Arbeit in einer Miniatur aus einer Handschrift des De Universo *von Rabanus Maurus, der um 800 gelebt hat, aus dem 11. Jh. (Montecassino, Klosterarchiv).*

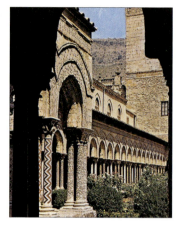

dem geistlichen Personal und den Mönchen übertragen, die in der Lage sind, lateinische, griechische und arabische Dokumente zu redigieren. Das Steuer- und Finanzwesen hingegen wird den Moslems anvertraut, deren Erfahrung in dieser Materie auf eine lange Tradition zurückblicken kann. Die Bevölkerung ist verpflichtet, diese »neue« Sachlage zu akzeptieren und sich den Bedingungen dieses »Flegels« zu unterwerfen. Sie ist somit gezwungen, im Auftrag dieses oder jenes Lehnsherrn das in Ortschaften gruppierte Land zu bestellen, und ihr bleibt nichts anderes übrig, als die Bindungen feudaler Natur zu respektieren. Unter den normannischen Rittern und den lokalen und ausländischen Beamten herrschen keineswegs friedliche Beziehungen: Die Entstehung von Beamtenfamilien aus byzantinischem und sarazenischem Geschlecht, welche Prestigepositionen erben, stört die normannischen Ritter. Sie sind auf deren Autorität eifersüchtig und stören sich an den konkurrierenden Machtformen.

Die Politik Rogers I. erweist sich auch in den Beziehungen mit der römischen Kirche als wirkungsvoll. Einerseits erlaubt er in einigen Klöstern

Die Normannen in Süditalien

die Wiederherstellung der byzantinischen Liturgie, andererseits bemüht er sich darum, neue Bischofssitze römischen Kults zu begründen, um die Bewohner der Insel wieder für das Christentum zurückzugewinnen, nachdem sie sich über Jahre hinweg an die arabische Herrschaft gewöhnt haben. So erleichtert er den Prozess der Katholisierung, was auch dem Papsttum am Herzen liegt. In den Augen Papst Urbans II. (1088–1099) rückt das Problem der Laieninvestitur von Kirchenämtern an zweite Stelle. Man gesteht den Normannen die schwierige Aufgabe zu, Sizilien zu christianisieren. 1098 übermittelt eine päpstliche Bulle Roger I. von Sizilien die apostolische Amtswürde, also die Befugnis, die kirchlichen Institutionen zu verwalten. Ein ähnliches Vorrecht vergrößert das Ansehen Rogers I. und bringt die zähen Lehnsherrschaftskontroversen zumindest bis zu seinem Tod (1101) zum Erliegen. Das Erbe der normannischen Vorherrschaft geht dann an seinen Sohn Roger II. über. Die Krönung Rogers II. 1127 zum Herzog von Apulien – einer Region, deren Führung bis dahin noch vakant war – vollzieht sich mit der Salbung mit heiligem Öl durch den Bischof von Salerno. Dieses neue Element einer sakralen Investitur bei der Zuweisung politischer Macht, ohne dass der Papst einbezogen wird, verschafft dem Großherzog von Sizilien höheres Ansehen. Er erhält die Anweisung vom Papst und gibt den anderen normannischen Rittern mit der unerwarteten offiziellen Zeremonie zu verstehen, wer das Sagen hat. Papst Honorius II. (1124–1130) versucht sich der Initiative Rogers II. zu widersetzen. Dieser kommt

Unten, der Normannenpalast in Palermo, errichtet bereits unter den Arabern, die die Strukturen ausgebaut und daraus den »Emirpalast« gebaut haben. Zu normannischer Zeit wurde er erweitert, umstrukturiert und in den verschiedenen Gebäudeteilen mit zahlreichen bedeutenden Werken der Malerei, der Skulptur und der Architektur verschönert.

Unten, Ausschnitt aus einem Mosaik aus dem Saal Rogers im Normannenpalast. Darunter, Christus krönt Roger II., *Mosaik aus der 1. Hälfte des 12. Jh.s (Palermo, Chiesa della Martorana).*

dem päpstlichen Willen nach, dass zumindest dessen formelle Oberherrschaft aufrechterhalten wird. So verspricht er Rom die Treue und erhält im Austausch dafür die päpstliche Investitur für die Ernennung zum Herzog von Apulien, Kalabrien und Sizilien im Jahr 1128. Ihm gelingt es, Apulien und Sizilien zu einem Reich mit der Hauptstadt Palermo zu vereinigen. Am Weihnachtstag 1130 entsteht in Süditalien nach einer Zeremonie unter Leitung des Gegenpapstes Anaklet II., der von den Normannen unterstützt und Papst Innozenz II. in Folge des Schismas 1130 entgegengesetzt wird, die Monarchie.

Mittelitalien: ein normannisches Reich

Nur zehn Jahre später allerdings, als die Nachfolge auf den Heiligen Stuhl nicht mehr Streitpunkt zwischen mehreren Anspruchserhebern ist, wird die normannische Krone in Apulien und Sizilien von Rom anerkannt. Am 27. Juli 1139 wird das päpstliche Heer in Mignano von den Normannen geschlagen. Unter König Roger II., der sich nach Afrika begibt, wo er das normannische Reich Mahdiyya gründet, das sich von Tripolis bis zum Cap Bon (Tunesien) erstreckt, erlangt ganz Süditalien die Gesichtszüge eines Reichs, das an den anderen europäischen Höfen höchstes Ansehen genießt. Byzanz und das deutsche Reich planen sogar, jene neue expandierende Territorialmacht mit Waffen zu erobern, aber sowohl für den Herr-

Die Normannen in Süditalien

scher des Ostens als auch für den des Westens ist es ratsam, sich nicht mit dem normannischen Ungestüm zu messen.

Roger II. realisiert eine Regierungsform, die auf einem Gesetzestext basiert, den er selbst verfasst hat, die *Assisen von Ariano*. Diese regeln die zentrale Gewalt auf Kosten der Großgrundbesitzer, während sich Roger seiner eigenen Autorität durch die Bildung einer in höchstem Maße bürokratisierten königlichen Kurie bedient. Der *gastaldo*,

Unten, die Zisa von Palermo aus dem 12. Jh., mit deren Errichtung Wilhelm I. begonnen hat, und welche von Wilhelm II. vollendet wurde. Ursprünglich handelte es sich um eine Sommerresidenz in der Nähe der Stadt für die Entspannung des Herrschers. Der Name »Zisa« ist wahrscheinlich von al-Azîz herzuleiten, das im Arabischen »edel«, »ruhmreich« und »prächtig« bedeutet.

Inspiriert von den künstlerischen Traditionen des Mittelmeers

Kunst und Architektur

In Sizilien erfährt die normannische Architektur unter Roger II. großen Aufschwung. Die Kathedrale von Cefalù, die Cappella Palatina (die Palastkapelle im Normannenpalast) in Palermo und der Dom von Monreale, der nach den Vorstellungen Wilhelms II. errichtet wurde, zeugen von der künstlerischen Größe der normannischen Zeit, in der sich in den Mosaikausstattungen und in der Architektur Westen und Osten treffen. Sie sind Beispiele der politischen Realität, wie sie vom normannischen Herrscher gewollt ist, der es versteht, die unterschiedlichen Kulturen und Religionen miteinander in Einklang zu bringen. Die byzantinische Welt, der Islam und das Christentum kommen in höchst einheitlicher Weise in diesen Monumenten und Kunstwerken zum Ausdruck. Die Cappella Palatina umfasst 104 Bilder, 110 Figuren und 131 Medaillons, welche die christliche Heilsgeschichte darstellen. Mosaike von seltener Schönheit werden angefertigt, anscheinend von den Calogeri vom Berg Athos, den Besten in der Mosaikkunst der damaligen Zeit. Kontinuierlich kreuzen sich griechische und byzantinische Elemente mit nordischen Einflüssen, römischer Tradition und arabischen Details. Beeindruckend ist das Bild Christi als Weltenherrscher in der Kathedrale von Cefalù, der das ganze Universum und die gesamte Geschichte der Menschheit zu umarmen scheint. Das Bild Christi als König beherrscht die Apsiskonche mit einer Ausdehnung von 700 Quadratmetern.

Oben, Umhang Rogers II. (Wien, Kunsthistorisches Museum).
Unten, die Kathedrale von Cefalù, welche Roger II. von Hauteville errichten ließ.

der *marescalco* und der *conestabile* sind nur einige der Ämter, die das dichte Maschengeflecht königlich ernannter Beamten unter Roger II. bilden. Die direkt vom König abhängigen Beamten beaufsichtigen das Leben des normannischen Reichs in allen Fragen der Rechtsprechung, der Gesetzgebung und der Finanzen. Noch immer ist es die arabische Tradition, die die öffentlichen Aufgaben steuerlicher Natur bestimmt, wie etwa im Falle des Amtes des *diwan*, der Zollbehörde, welcher die Kontrolle über die Abgaben zusteht.

In periodischen *inquisitiones* kontrollieren königliche Beauftragte, dass die Ritter und die anderen Lehnsherren keinen Missbrauch gegen die Monarchie begehen, indem sie etwa die Grenzen ihrer eigenen Feudalbesitze ausdehnen oder zum Schaden der Bevölkerung agieren. Zugleich werden die Großgrundbesitzer mit steuerlicher und rechtsprechender Immunität ausgestattet und der Regierungsstruktur der normannischen Monarchie wird in Süditalien ein explizit feudaler Ansatz verliehen. Die Großgrundbesitzer haben im privaten Bereich des Landeigentums Handlungsspielräume, die nur kraft der königlichen Zugeständnisse realisierbar sind. In dieser Form von Autonomie in der Lehnsverwaltung des Landes nimmt eine unglückliche Wirtschaftsform Gestalt an: Der Boden wird nach den Kriterien bestellt, welche die Monokultur weiter Gebiete und die Handarbeit zu niedrigen Preisen bevorzugen, ohne innovative Geräte wie den Pflug oder die Pflugschar zu nutzen, welche bereits in mehreren Teilen des übrigen

Die Normannen in Süditalien

Europas zum Einsatz kommen. Der Anbau von Weinreben, Mandeln, Früchten, Maulbeerbäumen, Zuckerrohr und Getreide erweist sich als irrationale Nutzung des Erdbodens und bewirkt dessen allmähliche Verarmung. Die Persönlichkeit Rogers II. kann nur Erstaunen hervorrufen. Untertanen, Aristokraten, hohe Geistliche und Gesandte sind von der Gelehrtheit des normannischen Herrschers beeindruckt, der es liebt, sich mit Wissenschaftlern, Künstlern und Dichtern zu umgeben, auch wenn es unter den Intellektuellen nicht an andersdenkenden Stimmen fehlt, wie etwa derjenigen Falcos von Benevent (12. Jh.), eines Feindes der normannischen Politik. Ein materieller Beweis für das große kulturelle Interesse ist ein Traktat mit dem Titel Buch König Rogers, der von einem gelehrten Araber verfasst wurde. In diesem wird die geografische Beschreibung Europas sowie von Teilen Arabiens überliefert. Der König rühmt sich ferner, für die Erhaltung von Flora und Fauna zu sorgen. Roger II. stirbt 1154 und hat ein Reich geschaffen, das reich an wirtschaftlichen Ressourcen, an Vermögen und an Ansehen ist.

Unten, Ausschnitt aus der malerischen Ausstattung der Cappella Palatina (Palastkapelle) im Normannenpalast in Palermo mit der Darstellung einer Spielerin an der Decke.

Terror und Verschwörungen im Palast

Das Leben des Reichs unter seinem Sohn Wilhelm I., genannt »der Schlechte«, steht jedoch im dem Zeichen des Mordes an einem hohen Beamten, dem Admiral Maione di Bari, sowie einer 1160 ausbrechenden Revolte. Der Herrscher wird – möglicherweise in Komplizenschaft mit dem katholischen Klerus – vom normannischen und langobardischen Adel, der wegen eines ethnischen Hasses alle Moslems massakriert, ins Gefängnis geworfen.

Rechts, Detail der Reliefs an der rechten Außenseite der Kathedrale St. Sabino in Bari, das Gebäude wurde nach fast vollständiger Zerstörung durch Wilhelm den Schlechten aus dem Jahr 1156 rekonstruiert.

Die Reaktion Wilhelms I. nach seiner Befreiung ist erbarmungslos. Sein Beiname vermag in der Tat das Terrorregime zu erklären, von dem der letzte Abschnitt seiner Regierung gekennzeichnet ist. Er hatte sich Beamten anvertraut, die in ruchloser und systematischer Weise regelrechte Polizeimaßnahmen ausführen, wenn sie Feinde bestrafen und Verschwörungen im Palast vereiteln. 1166 hat die Regierung Wilhelms II., dem Sohn des »Schlechten«, nicht minder Glück im Umgang mit der durchweg prekären Situation, die durch fortbestehende Ressentiments der Großgrundbesitzer hervorgerufen wurde. Die Lehnsherren starten einen Komplott gegen die Krone, indem sie am Hof Intrigen schüren. Während der Minderjährigkeit Wilhelms II. vertraut seine Mutter Margherita di Navarra die Regierungsaufgaben ausländischem Personal aus Frankreich und Spanien an. Schließlich nähern sich die normannischen Ritter, als sie sich gewinnbringender Rendite und ihrer Ehrentitel beraubt sehen, in der Absicht, wieder mehr auf die Königsfamilie zuzugehen, am Hofe wieder einander an. Ein gefährliches Klima von Neid und Missgunst gegenüber den ausländischen Kanzlern bringt die normannischen Großgrundbesitzer wieder in Aufruhr. Sie führen nun erneut etwas gegen den Herrscher im Schilde. Dieser geht daraufhin mit dem lokalen Adel Kompromisse ein – weshalb er »der Gute« genannt wird –, um die Macht der Krone aufrechtzuerhalten. Nachdem er eine Serie von Reformen, die das Steuersystem der Monarchie verbessern, veranlasst hat, wendet der König seinen Blick Richtung Grenze. Seine Expansionspläne haben das Mittelmeer zum Ziel, die Re-

Die Normannen in Süditalien

gionen der Levante, das Heilige Land (Morgenland). Um jedoch die neuen Eroberungsträume zu unterbinden, intervenieren die Seerepubliken – unter ihnen Venedig – und Kaiser Friedrich I. Barbarossa. Gegen diesen hatte Wilhelm II. eine strikte Bündnispolitik mit dem Papsttum und die Unterstützung der Städte des zentralen Norditaliens (Lega lombarda del Carroccio) betrieben, und zwar entgegen der deutschen Herrschaft, die nach der Schlacht von Legnano 1176 und dem Frieden von Konstanz 1183 ziemlich geschwächt ist. So ist Barbarossa gezwungen, den italienischen Kommunen des zentralen Nordens mehr Autonomie zuzugestehen. Die Ehe, die 1186 zwischen Konstanze von Hauteville (einer Großtante Wilhelms II., der 1189 im Alter von 36 Jahren ohne Nachwuchs stirbt) und Heinrich VI., dem Sohn Barbarossas, geschlossen wird, trägt dazu bei, die Spannungen zwischen dem deutschen und dem normannischen Reich in Süditalien beizulegen. Das Schicksal der Hauteville ist von da an mit dem der Hohenstaufen vereint. Süditalien wird wieder zum Zentrum der Interessen der höheren politischen Autoritäten Europas. Dies

*Unten, zwei Sarazenenfiguren, die die Porta Nuova schmücken, eines der Tore von Palermo, dessen Errichtung auf das 16. Jh. zurückgeht.
Unten, Friedrich I. Barbarossa auf dem Thron in einer zeitgenössischen Miniatur (Fulda, Landesbibliothek).*

Oben, Amos Cassioli (1832–1891), Die Schlacht von Legnano, *Ausschnitt (Florenz, Galleria d'Arte Moderna di Palazzo Pitti). Unten, Heinrich VI. als lyrischer Poet in einer Miniatur des* Codex Manesse *aus dem 14. Jh. (Heidelberg, Universitätsbibliothek).*

alarmiert erneut das Papsttum, dessen Territorien nun von der kaiserlichen Familie der Sueben umzingelt sind.

Die Politik Friedrichs II. im Süden

Heinrich VI. ist gezwungen, sich des Normannenreichs mit Gewalt zu bemächtigen. Eine Fraktion, angeführt von Tankred von Lecce (einem Cousin Wilhelms II., von 1190–1194 König von Sizilien, als Gegenmacht zum Kaiser) erkennt die Legitimität des hegemonialen Durchgriffs auf das Reich nicht an. Nachdem er Neapel und Salerno besetzt hat und Kalabrien und Sizilien von den Reichstruppen hat kontrollieren und unterwerfen lassen, konkretisiert Heinrich VI. seine absolutistischen Machtansprüche. So wird er 1194 in der Kathedrale von Palermo gekrönt und verbannt die Frau Tankreds mit dem kleinen Wilhelm III. ins Exil, um zu verhindern, dass vonseiten der Normannen weitere Machtansprüche geltend gemacht werden. Die deutsche Herrschaft in Süditalien macht sofort die eigene autokratische Prägung deutlich, indem sie die Autonomiebestrebungen von Städten wie Messina, Salerno, Capua oder Neapel, die von exzessiven Steuern belastet werden, so stark wie möglich zurückdrängt. Zudem erstickt Heinrich VI. jeden Versuch der Rebellion

Die Normannen in Süditalien

der Lehnsmänner, die zuweilen sogar von dem stillen Einverständnis seiner normannischen Gemahlin Konstanze getragen wird, bereits im Ansatz. Die von den Hauteville Abstammende wird nach dem Tod des Kaisers Ende September 1197 wieder die Möglichkeit haben, die normannische Krone überleben zu lassen. Ihr Sohn Friedrich II., der vom Vater 1196 zum König von Sizilien gekrönt worden war, erhält bereits im Alter von drei Jahren nach dem Willen der Mutter Papst Innozenz III. (1198–1216) zum Vormund.

Oben, Krone Konstanzes von Hauteville (Dom zu Palermo).
Unten, anonyme Druckgrafik aus dem 19. Jh. mit einer Darstellung der Schlacht bei Bouvines.

Der Papst mischt sich nun in die dynastischen Machenschaften ein. Er unterstützt die Ernennung Ottos von Brunswick, der dann König von Deutschland und Kaiser wird. Nachdem Letzterer aber das Versprechen, auf das Reich von Sizilien zu verzichten, nicht gehalten hat, exkommuniziert er ihn und weist den Kaiserthron Friedrich II. zu. Dieser verzichtet im Gegenzug auf die Krone von Sizilien und auf den Kreuzzug ins Heilige Land. Die Schlacht bei Bouvines in Flandern, die 1214 vom König von Frankreich, Philipp II. August, gegen Richard Löwenherz, der auf der Seite Ottos kämpft, gewonnen wird, bestimmt den Aufstieg Friedrichs von Sueben auf den kai-

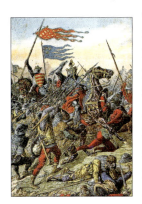

serlichen Thron. Er ist 21 Jahre alt, als er in Aachen vom Erzbischof von Mainz zum Kaiser gekrönt wird. Papst Honorius III. (1216–1226) krönt ihn 1120 in Rom zum Kaiser. Friedrich II. hält sich nicht an die Pakte mit dem Papst, der 1227 unzählige Exkommunikationen hageln

Oben, Friedrich II. auf dem Thron in einer Miniatur aus seinem Werk De arte venandi cum avibus *(Vatikan, Biblioteca Apostolica).*
Unten, Druckgrafik Xavier Steifensands nach einem Gemälde von Julius Schrader (1815–1900) mit einer Darstellung Friedrichs II., der den Verrat des Petrus de Vinea aufdeckt (Kunstmuseum Düsseldorf, Kupferstichkabinett).

lässt. Gregor IX. (1227–1241) hebt daraufhin seine Exkommunikation 1239 wieder auf, Innozenz IV. (1234–1254) bestätigt sie 1245 wieder. Im Heiligen Land löst sich der Kreuzzug auf diplomatische Weise durch einen Vertrag auf, der 1229 mit dem Sultan al-Kamil von Ägypten geschlossen wurde. Dieser gesteht den Christen für einen Zeitraum von zehn Jahren die Souveränität über Jerusalem, Bethlehem und Nazareth zu. In Sizilien hat Friedrich II. zum Kummer des Papstes nicht mehr die Absicht, die kaiserliche Krone vom Reich Süditalien zu trennen, und arbeitet darauf hin, den feudalen Widerstand auszulöschen. So reißt er alle Befestigungsanlagen der Lehnsherren ein, verhindert mittels der Überwachung durch öffentliche Beamte feudale Missbräuche und sichert sich durch Zugeständnisse und Privilegien die Vasallentreue.

Die Konstitutionen von Melfi *(Constitutiones Regni Siciliae)* – von Friedrich auch das *Liber augustalis* genannt – bestimmen 1231 die absolutistische Natur seiner Macht in Süditalien. Ferner ist die universalistische und quasi priesterliche Bestätigung der Machtgrundlage festgelegt, die Friedrich II. zu realisieren beabsichtigt. Sie lässt Interferenzen weder durch den Klerus noch durch örtliche Machtinhaber oder in Ausnahmefällen zu. Eine solche Stellung bringt Friedrich dazu, sogar mit seinen engsten Vertrauten zu brechen. 1249

Die Normannen in Süditalien

feiert er die auf seine Anweisung erfolgte Blendung und den Selbstmord des Dichters und Kanzlers Petrus de Vinea. Dieselbe Verteidigung der katholischen Orthodoxie erlaubt es ihm, mit der Entschuldigung, der Gefahr der Häresie entgegenzutreten, sein eigenes Reich von unerwünschten Personen zu bereinigen, auch wenn der Grund dafür mehr politisch als religiös ist. Rom ahnt dies und kritisiert seine Vorgehensweise. Mit den Sarazenen führt Friedrich II. ständige Kämpfe, die in mehr als unbefriedigender Weise in den 40er-Jahren des 13. Jh.s kulminieren, als sämtliche Moslems unter Gewaltanwendung in die Kolonie von Lucera in Apulien überführt werden.

Palermo ist die Hauptstadt eines Reichs, das in kultureller Blüte steht – renommiert ist die sizilianische Dichterschule –, auch wirtschaftlich floriert und in dem verschie-

Unten, mittelalterliche Miniatur mit der Darstellung einer Szene höfischer Liebe.

Höfische Literatur und Liebe

Die sizilianische Dichterschule

Zwischen 1230 und 1240 erlebt die sizilianische Dichterschule das Goldene Zeitalter, zur gleichen Zeit, in der einer ihrer größeren Vertreter, Giacomo da Lentini, als kaiserlicher Beamter in Notariatsaufgaben tätig ist. Andere bemerkenswerte Personen sind der unglückliche Protonotar und Buchhalter Petrus de Vinea und der Dichter Guido delle Colonne. Die Thematik ist der provenzalischen Lyrik entnommen: höfische Liebe. Das bevorzugte Thema stellen außereheliche Beziehungen dar. Der Dame werden Angebote einer fast spirituellen Liebe gemacht, und – gleich einer Hommage an das Lehnswesen – handelt es sich bei dem jungen Liebhaber um den Vasallen der begehrten Frau. Wahrscheinlich wegen fehlender Flexibilität Friedrichs II., der keinerlei Kritik oder Einmischungen in seine Politik ertragen kann, wird den Freizeitaktivitäten der intellektuellen Sizilianer die Beschränkung auf ein Thema auferlegt. Neben ihrer Tätigkeit als Bedienstete des Reichs vergnügen sie sich daher gerne in der Dichtkunst und sehen diese als willkommene Möglichkeit an, der Realität zu entkommen.

Rechts, Miniatur mit einer Darstellung Friedrichs II. und des Sultans al-Kamil vor den Toren Jerusalems aus der Cronica figurata *des florentinischen Historikers Giovanni Villani (um 1276–1348). Unten, Manuskript aus dem 14. Jh. mit einer Darstellung Friedrichs II., umgeben von Höflingen und Falknern.*

denste Kulturen und Religionen zusammenleben: die römische, die gräkobyzantinische, die hebräische und die arabische. Der ästhetische Geschmack, das Vergnügen an der Kultur und das Studium der Wissenschaften verleihen der Zeit Friedrichs Ruhm. Der Kaiser selbst, der inzwischen mehr in Italien als in Deutschland residiert, macht sich durch das Verfassen eines Werkes verdient: *De arte venandi cum avibus* (»Über die Kunst, mit Vögeln zu jagen«).

In Salerno und in Neapel entstehen bedeutende Universitäten. Das Regierungssystem Friedrichs II. kann nun besser verwirklichen, was bereits von der politischen Erfahrung der Normannen herrührt. Der Aufbau der Bürokratie, der Verwaltung und des Gerichtssystems, die Finessen des Hofes, die Formeln des Treue- und Kontrollverhältnisses, das den Beamten an die Krone bindet, weisen in den institutionellen Strukturen die gleichen Charakteristika normannischen Ursprungs auf, die es bereits zur Zeit Rogers I. und Rogers II. gab. Der Versuch,

Die Normannen in Süditalien

die Konstitutionen von Melfi auch den Kommunen des zentralen Nordens aufzuerlegen, scheitert kläglich und damit auch das gewagte politische Projekt des Kaisers, dem sich mehrere Fronten entgegenstellen. Das Papsttum, die freien Städte und die Seerepubliken bekämpfen ihn gemeinsam zunächst in der Gegend von Parma, dann in Fossalta. Der Traum Friedrichs II. erlischt mit seinem Tod 1250. Süditalien kehrt in die Einflusssphäre des Papsttums zurück.

Miniatur aus dem Traktat der Salernitanischen Schule über Augenheilkunde aus dem 13. Jh. (London, British Library).

Innovativ und angesehen in ganz Europa

Das Studium der Medizin in Salerno

Innerhalb Europas ist Salerno der Sitz der ersten universitären Akademie, die sich dem Studium der Medizin widmet. Im 7. Jh. ist die Existenz eines Hospizes für Kranke dokumentiert, die von dem Benediktinermönch Adelmus von Montecassino geheilt werden. In Rahmen dieser Krankenpflege werden die Novizen in die Kunst oder Wissenschaft der Medizin eingeführt. Die medizinischen Leistungen der Mönche werden an den europäischen Höfen und bei den Bischöfen bekannt. Sie rufen die Mönche herbei, damit sie ihnen während einer Krankheit beistehen. Auch die Laien suchen sie auf, unter ihnen Cofone il Giovane, der ein Traktat über Anatomie verfasst. Weitere Ärzte wie Matteo Plateario, Giovanni da Procida und Niccolò Salernitano erlangen in Europa Ansehen, weil sie in Salerno studiert haben. Auch Frauen können das Studium aufnehmen, viele von ihnen spezialisieren sich auf Geburtshilfe. Es ist jedoch Constantinus Africanus, ein Benediktinermönch aus Karthago, der an der Schule von Salerno zu höherem Ruhm gelangt, indem er verschiedene arabische Texte und die Werke von Galen und Hippokrates übersetzt. Unter Friedrich II. erfährt die Laienschule von Salerno einen heftigen Aufschwung. Eine kaiserliche Anordnung sieht vor, dass niemand den ärztlichen Beruf ausüben darf, der nicht das fünfjährige Studium an der Schule von Salerno absolviert hat. Die Schule von Salerno spezialisiert sich ferner auf Uroskopie, Augenheilkunde, Anatomie und Chirurgie.

Zeittafel

Fränkisches Reich

799 Erste Überfälle der Normannen auf die Inseln vor Aquitanien.

820 Schiffe der „Nordmänner" erreichen die Seine und die Loire.

843 Nantes wird von den Dänen belagert und zerstört.

845 Paris wird zum ersten Mal angegriffen.

859 Skandinavische Überfälle auf die Mittelmeerregion (Spanien, Marokko, Mittelitalien).

881 Die Skandinavier verunstalten das Grab Karls des Großen.

886 Die Belagerung von Paris wird nach Zahlung von Tributen abgebrochen.

918 Ein königliches Dokument bezeugt, dass Rollo vom Frankenkönig Karl III. dem Einfachen die Seineregion als Lehen verliehen wird, welche dann Normandie genannt wird.

England

1013 Der Dänenkönig Sven erobert das Reich von England und verjagt den Sachsenkönig Ethelred, der in die Normandie flüchtet.

1016 Trotz des Versuchs der Rückkehr Ethelreds nach dem Tod Svens (1014) behauptet sich dessen Sohn Knut, König von Dänemark, nun auch im Reich von England.

1035 Tod Knuts, Nachfolger ist sein Sohn Hardiknut; in der Normandie stirbt Herzog Robert der Großartige, Nachfolger ist sein Sohn Wilhelm der Bastard.

1042 Beim Tod Hardiknuts wird Eduard der Bekenner, Sohn Ethelreds, König von England, er befürwortet die Einwanderung von Normannen nach England.

1051 Wilhelm, Herzog der Normandie, besucht Eduard.

1066 Tod Eduards; Harold von Wessex wird zum König von England gekrönt; Wilhelm von der Normandie geht in England an Land, um seine mutmaßlichen Nachfolgerechte zu verteidigen; Schlacht von Hastings; Wilhelm wird zum König von England gekrönt.

1070 Strafexpedition gegen die Regionen Nordenglands, die verwüstet werden.

1086 *Domesday Book.*

1087 Tod Wilhelms, Nachfolger sind im Reich Englands sein Sohn Wilhelm II. Rufus und im Herzogtum der Normandie sein Erstgeborener Robert Kurzhose.

1100 Mord an Wilhelm II., sein jüngerer Bruder Heinrich bemächtigt sich des königlichen Schatzes in Winchester; Heinrich I. wird in London zum König von England gekrönt.

1101 Robert Kurzbein macht Heinrich I. die Herrschaft über die Normandie streitig.

1106 Heinrich I. besiegt Robert Kurzbein bei Tinchebray.

	Osteuropa	Süditalien

1120 Es stirbt der einzige eheliche Sohn Heinrichs I., Wilhelm.

1135 Tod Heinrichs I.; Stephan von Blois wird zum König von England gekrönt.

1139 Beginn des Streits um die Krone zwischen der Fraktion Stephans und jener Gottfrieds V. von Anjou-Plantagenet, dem Ehemann Mathildes, der Tochter Heinrichs I. Mathilde klagt in England die väterliche Erbschaft ein.

1153 Der Sohn Mathildes, Heinrich, Graf von Anjou, kämpft in England gegen Stefan von Blois; Heinrich II. von Anjou-Plantagenet wird König von England.

859 Erster schwedischer Überfall im Osten.

861 Kiew und Nowgorod in schwedischer Hand; die Grundlage für das Land der *Rus* wird gebildet.

865 Byzanz wird von schwedischen Schiffen angegriffen.

911 Handelsabkommen zwischen Byzantinern und *Rus*.

944 Byzanz drängt mit dem „griechischen Feuer" eine schwedische Truppe am Bosporus zurück.

945 Zweites Handelsabkommen zwischen Byzantinern und *Rus*.

999 Wohl erstmaliges Auftauchen normannischer Ritter in Kampanien.

1018 Sieg der byzantinischen Truppen bei Cannae gegen die Normannen, die sich nach der Niederlage in Kampanien ausbreiten.

1035 Erster Kern eines normannischen Reichs durch das Werk der Söhne Tankreds von Hauteville, Wilhelm Eisenarm, Robert Guiskard und Roger I.

1038 Aussendung von 300 warägischen Wachen nach Sizilien gegen die Araber.

1058 Normannische Eroberung des langobardischen Fürstentums von Capua.

1053 Papst Leo IX. Gefangener der Normannen.

1054 Befreiung und kurz darauf Tod Leos IX.

1059 Konkordat von Melfi: Richard von Aversa wird Lehnsherr von Capua und Robert Guiskard Herzog von Apulien und Kalabrien.

1061 Normannische Expedition zur Eroberung Siziliens; Belagerung von Mileto, Milazzo und Messina durch Robert Guiskard und Roger I.

1072 Normannische Eroberung Palermos.

1076 Robert Guiskard erobert Amalfi.

1077 Robert Guiskard erobert Salerno; Kapitulation von Trapani.

1079 Kapitulation von Taormina.

1080 Robert Guiskard schwört Papst Gregor VII. die Treue.

1084 Befreiung Papst Gregors VII. durch Robert Guiskard.

1085 Tod Gregors VII.; Tod Robert Guiskards, die Macht geht auf Roger I. über.

1091 Normannische Eroberung von Syrakus und Malta.

1095 Päpstliche Bulle, Roger I. die apostolische Amtswürde zugesteht.

1101 Tod Rogers I., Nachfolger ist sein Sohn Roger II.

1130 Roger II. wird zum König von Sizilien gekrönt.

1139 Sieg der Normannen gegen die päpstlichen Truppen bei Mignano.

1149 Roger II. redigiert die Assisen von Ariano.

1154 Tod Rogers II., Nachfolger ist sein Sohn Wilhelm der Schlechte.

1160 Wilhelm der Schlechte wird vom normannischen Adel gefangen genommen.

1166 Tod Wilhelms des Schlechten und Thronbesteigung seines Sohns Wilhelms II. des Guten.

1176 Niederlage Friedrichs I. Barbarossa bei Legnano.

1183 Frieden von Konstanz zwischen Friedrich I. Barbarossa und den Kommunen des zentralen Norditaliens.

1189 Tod Wilhelms II.

1190–1194 Tankred von Lecce wird König von Sizilien.

1194 Krönung Heinrichs VI. zum König von Sizilien.

1196 Heinrich VI. lässt seinen Sohn Friedrich II. im Alter von drei Jahren unter päpstlicher Vormundschaft krönen.

1197 Tod Heinrichs VI.

1214 Philipp II. August von Frankreich besiegt Richard Löwenherz bei Bouvines.

1220 Krönung Friedrichs II. zum Kaiser.

1127 – 1239 – 1249 Exkommunikationen Friedrichs II.

1231 Friedrich II. gibt die Konstitutionen von Melfi heraus.

1249 Selbstmord des Petrus de Vinea.

1250 Tod Friedrichs II.

Literaturempfehlungen

Barth, Reinhard, *Taschenlexikon Wikinger*, München, 2002.

Bates, David, *William the Conqueror*, London, 1989.

Bloch, Marc, *Die Feudalgesellschaft*, aus dem Französischen von Eberhard Bohm, Frankfurt a. M., 1982.

Brown, Dale M. (Hg.), *Untergegangene Kulturen, Die Wikinger: Abenteurer aus dem Norden*, aus dem Englischen von Sabine Rodin und Dieter Schmitz, Köln, 2001.

Delogu, Paolo, *I Normanni. Cronache della conquista e del regno*, Neapel, 1984.

Delogu, Paolo (Hg.), *I Normanni. Conquiste e regni nell'Europa Medievale*, Storia e Dossier Nr. 24, Florenz, 1988.

D'Haenens, Albert, *Les invasions normandes, une catastrophe?*, Paris, 1970.

Graham-Campbell, James (Hg.), *Bildatlas der Weltkulturen, Die Wikinger. Kunst, Geschichte und Lebensformen*, aus dem Englischen von Gert und Jens Kreutzer, Augsburg, 1998.

Konstam, Angus, *Atlas der Wikinger. Geschichte, Eroberungen und Kultur der Wikinger*, aus dem Englischen von DIE TEXTWERKSTATT, Wien, 2002.

Lindsay, Jack, *I Normanni*, Mailand, 1997.

Magnusson, Magnus, *Die Wikinger. Geschichte und Legende*, aus dem Englischen von Harald Ehrhardt, Düsseldorf/Zürich, 2003.

Matthew, Donald, *I Normanni in Italia*, Bari, 1997.

Musset, Lucien, *Les peuples scandinaves au Moyen Age*, Paris, 1951.

Riasanovsky, Nicholas Valentine, *A History of Russia*, New York (u. a.), 2000.

Sawyer, Peter (Hg.), *Die Wikinger. Geschichte und Kultur eines Seefahrervolkes*, aus dem Englischen von Thomas Bertram, Stuttgart, 2000.

Schack, Adolf Friedrich Graf von, *Geschichte der Normannen in Sizilien*, Essen, 1997.

Simek, Rudolf, *Die Wikinger*, München, 1998.

Bei Parthas in dieser Reihe bereits erschienen:

*Umfang je 124 Seiten,
durchgängig vierfarbig bebildert,
Fadenheftung, Paperback, 13 x 19 cm
€ 9,80*

Gladiatoren.
Leben für Triumph und Tod
ISBN 978-3-86601-602-6

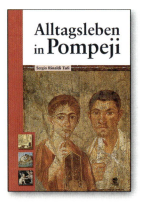

Alltagsleben in Pompeji
ISBN 978-3-86601-875-4

Die sieben Weltwunder der Antike
ISBN 978-3-86601-050-5

Der Heilige Gral
ISBN 978-3-86601-102-1

Bei Parthas in der Reihe *Bildlexikon der Kunst* bereits erschienen:

*Umfang 384 Seiten,
durchgängig vierfarbig bebildert,
Fadenheftung, Paperback, 13,5 x 20 cm
€ 24,80*

Band 1
Götter und Helden der Antike
ISBN 978-3-932529-56-6

Band 2
Die Heiligen.
Geschichte und Legende
ISBN 978-3-932529-57-3

Band 3
Symbole und Allegorien
ISBN 978-3-936324-00-6

Band 4
**Erzählungen und Personen
des Alten Testaments**
ISBN 978-3-936324-01-3

Band 5
**Erzählungen und Personen
des Neuen Testaments**
ISBN 978-3-936324-02-0

Band 6
**Engel, Dämonen und
phantastische Wesen**
ISBN 978-3-936324-04-4

Band 7
Die Natur und ihre Symbole
ISBN 978-3-936324-03-7

Band 8
Astrologie, Magie und Alchemie
ISBN 978-3-936324-14-3

Band 9
Ikonen.
Meisterwerke der Ostkirche
ISBN 978-3-936324-05-1

Band 10
**Techniken und Materialien
der Kunst**
ISBN 978-3-936324-30-3

Band 11
Gärten, Parks und Labyrinthe
ISBN 978-3-936324-90-7

Band 12
Der menschliche Körper.
*Anatomie und symbolische
Bedeutung*
ISBN 978-3-936324-91-4

Band 13
Die Musik.
Symbolik und Allegorien
ISBN 978-3-936324-86-0

Band 14
Themen u. Personen der Literatur
ISBN 978-3-936324-87-7

Band 15
Körpersprache.
Gestik, Mimik, Ausdruck
ISBN 978-3-936324-88-4

Band 16
Der gedeckte Tisch.
Esskultur in der Kunst
ISBN 978-3-936324-89-1

Band 17
Symbole der Macht.
Die großen Dynastien
ISBN 978-3-936324-93-8

Band 18
Geografie und imaginäre Welten
ISBN 978-3-936324-92-1

Bei Parthas in der Reihe *Bildlexikon der Völker und Kulturen* bereits erschienen:

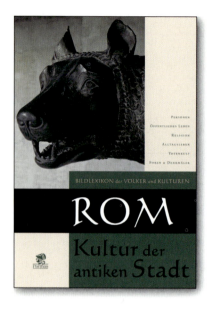

Umfang 384 Seiten,
*durchgängig vierfarbig bebildert,
Fadenheftung, Paperback, 13,5 x 20 cm*
€ 24,80

Band 1
Mesopotamien
Sumerer, Assyrer und Babylonier
ISBN 978-3-936324-71-6

Band 2
Rom
Kultur der antiken Stadt
ISBN 978-3-936324-72-3

Band 3
China
Reich der Mitte
ISBN 978-3-936324-73-0

Band 4
Griechenland
Wiege der Demokratie
ISBN 978-3-936324-74-7

Band 5
Japan
Land der aufgehenden Sonne
ISBN 978-3-936324-78-5

Band 6
Ägypten
Hochkultur am Nil
ISBN 978-3-936324-77-8